日本留学試験対策問題集

EJU
日本留学試験
記述
ポイント
＆
プラクティス

アークアカデミー　著

スリーエーネットワーク

Published by 3A Corporation.
Trusty Kojimachi Bldg., 2F, 4, Kojimachi 3-Chome, Chiyoda-ku, Tokyo 102-0083, Japan

ISBN978-4-88319-937-2 C0081

First published 2024
Printed in Japan

はじめに

「日本留学試験 ポイント＆プラクティス」シリーズ

　日本留学試験（EJU: Examination for Japanese University Admission for International Students）（以下，EJU と記載）は，外国人留学生として日本の大学（学部）等に入学を希望する方を対象に，日本の大学等で必要とする日本語力及び基礎学力の評価を行うことを目的に実施する試験です。

　EJU の得点をアップするには，出題傾向を把握し，対策を練って学習を進めることが大切です。

　本シリーズは，受験者の皆さんが試験に必要な力を身につけられるように考えられた対策問題集です。EJU 対策に外せない項目を厳選して作成してありますので，一つひとつをクリアしながら力をつけてください。

本書では，「記述」を学びます。

本書の特長

> ①意見文の書き方を段階的に学習できる
> ②原稿用紙の使い方，文体，メモの書き方など，書くために必要な事柄を学習できる
> ③解説つきで独習も可能

　本書は，初めて日本留学試験を受ける学習者や，まとまった文章を書くことに苦手意識がある学習者などを対象としています。EJU の記述問題は，限られた時間内で出題者の意図を読み取り，指定の文字数で自分の意見を書かなければなりません。得点を上げるためには，意見文を書くときの表現や構成などを学び，練習しておくことが必要です。

　本書では，意見文をいくつかの要素に分けて，書き方を段階的に学習できます。また，意見文を書く上で知っておくとよい言葉や情報についてもまとめてあります。本書を使って学習すれば，きっと本番でも緊張せずに自分の力を出せるでしょう。本書が，多くの学習者の進路を切り開く助けとなることを期待しています。

2023 年 12 月　著者

目次

自分の意見を書こう
じ ぶん い けん か

Write your own opinions　写一下自己的意见　Viết ý kiến của bản thân

日本留学試験「日本語」科目，「記述」領域の紹介

　日本留学試験は，外国人留学生として，日本の大学（学部）等に入学を希望する人を対象に，日本の大学等で必要とする日本語力及び基礎学力の評価を行うことを目的に実施する試験です。出題科目は，日本語，理科（物理・化学・生物），総合科目，数学です。

●「日本語」科目の構成

領域	時間	得点範囲
読解	40分	0 ～ 200点
聴解・聴読解	55分	0 ～ 200点
記述	30分	0 ～ 50点

※試験は，記述→読解→聴読解→聴解の順に実施します。

●「記述」領域の概要

【出題される課題】

・提示された一つまたは複数の考え方について，自分の意見を論じる

・ある問題について現状を説明し，将来の予想や解決方法について論じる　など

「記述」採点基準

得点	基準
50点	（レベルS） 課題に沿って，書き手の主張が，説得力のある根拠とともに明確に述べられている。かつ，効果的な構成と洗練された表現が認められる。
45点 40点	（レベルA） 課題に沿って，書き手の主張が，妥当な根拠とともに明確に述べられている。かつ，効果的な構成と適切な表現が認められる。
35点 30点	（レベルB） 課題にほぼ沿って，書き手の主張が，おおむね妥当な根拠とともに述べられている。かつ，妥当な構成を持ち，表現に情報伝達上の支障が認められない。
25点 20点	（レベルC） 課題を無視せず，書き手の主張が，根拠とともに述べられている。しかし，その根拠の妥当性，構成，表現などに不適切な点が認められる。
10点	（レベルD） 書き手の主張や構成が認められない。あるいは，主張や構成が認められても，課題との関連性が薄い。また，表現にかなり不適切な点が認められる。
0点	（NA） 採点がなされるための条件を満たさない。

レベルA，B，Cについては，同一水準内で上位の者と下位の者を区別して得点を表示する。

独立行政法人日本学生支援機構ウェブサイト（https://www.jasso.go.jp/）より抜粋

課題と関連のないことを書いたり，問題冊子の別のページを写して書いたりすると，0点になります。

詳しい試験の情報は，独立行政法人日本学生支援機構ウェブサイトでご確認ください。

この本をお使いになる方へ

1. 目的

日本留学試験の「記述問題」の意見文の書き方を学び，時間内に自分の意見を論理的に書く力を身につける。

2. 構成

①本冊

●記述問題について知ろう　1回目〜3回目

日本留学試験の記述問題に取り組む上で必要になる基礎知識をまとめました。課題の読み取り方，原稿用紙の使い方，文体，意見文の構成について学びます。

●意見文の書き方を学ぼう　4回目〜8回目

意見文を「意見」「理由」「具体例」などの要素に分けて，基本となる書き方を段階的に学習していきます。書く上で必要となる「大切な表現」も各回で紹介しています。

●自分の意見を書こう　9回目〜11回目

記述問題のタイプ別に，メモの書き方を学習し，メモを活用して意見文を書く練習をしていきます。また，時間配分や原稿用紙の配分など，試験に役立つアドバイスも載せました。

模擬試験　12回目

12回目は模擬試験として，問題タイプ別に3回分の模擬試験を収録しました。模擬試験は1回分を制限時間30分で行いましょう。1回目〜11回目で学習したことを活かしながら，時間内に400〜500字のまとまった意見文を書きましょう。

※各回の冒頭には「目標」が書いてあります。目標を読んで理解できたら，左側の「□」にチェックを入れます。その回の学習が終わったら，「目標」が達成できたかどうか，確認しましょう。達成できたら，右側の□にチェックを入れます。

②別冊

解答・解説（翻訳つき）

解答・解説には，練習問題の解答と，例題の意見文の例（本冊とは違う意見のもの），練習問題のうちの「✎」マークがある問題の意見文の例があります。どのような文章構成になっているか，どのような表現が使われているかという点に注目しながら読みましょう。

③原稿用紙

意見文を書くための原稿用紙を当社ウェブサイトから

ダウンロードすることができます。

https://www.3anet.co.jp/np/books/6460/

3. 表記

常用漢字表にある漢字は漢字表記にしました。ただし，著者の判断で表記を変えているものもあります。例題と練習問題，12回目の模擬試験は，著者の判断で難しいと思われる漢字にふりがなをつけています。それ以外の箇所はすべての漢字にふりがなをつけました。

4. 独習の進め方

1回目から順に進め，12回目の模擬試験でどのくらい意見文が書けるようになったかを確認しましょう。

〈1回目から11回目の進め方〉

1) 「目標」を読んで理解したら，左側の「□」にチェックをします。
2) その回で学習する項目を確認してから，例題（9回目〜11回目は例題なし）を解きます。その後，例題の解答例を見ながら，その回のポイントや大切な表現，メモの書き方などを学びます。
3) 練習問題を解きます。
4) 「別冊」を見て，練習問題の答え合わせをします。解説も読んで，理解を深めましょう。
5) 例題，練習問題のうち「✎」マークがついている問題は，「別冊」に意見文の例があります。自分で400〜500字程度の意見文を書いてみて，比べてみましょう。
6) 「知識をひろげよう Let's Learn More」を読んで，テーマに関する言葉を覚えたり，理解を深めたりしましょう。興味があるテーマについて，自分で調べるのもいいでしょう。
7) 「目標」が達成できたかどうか，確認しましょう。達成できたら，右側の□にチェックをします。

For users of this book

1. Purpose

The purpose of this book is to support Japanese language learners in learning how to write opinion statements in the "Writing" section of the EJU, and in acquiring the skills to write their opinions logically within the given time.

2. Structure

①Main textbook

Know about "writing" questions　Lessons One to Three

These lessons summarize the basic knowledge required to tackle the "Writing" section of the EJU. You will learn about how to interpret the question, how to use the manuscript paper, and the writing style, and structure of an opinion statement.

Learn about how to write opinion statements　Lessons Four to Eight

These lessons break up the opinion statement into various elements such as "opinion," "reasons," and "specific examples," and you will learn the fundamentals of writing an opinion statement in stages. Each lesson introduces "important expressions" that are necessary in writing.

Write your own opinions　Lessons Nine to Eleven

In these lessons, you will learn how to write notes based on the type of writing question, and practice writing an opinion statement using your notes. These lessons also contain advice that is useful for the examination, such as time allocation and allocation of manuscript paper space.

Mock test　Lesson Twelve

Lesson Twelve contains three mock tests, categorized by question type. Each mock test should be completed within 30 minutes. Utilize what you have learned in Lessons One to Eleven to write a compact opinion statement of about 400 to 500 characters within the time limit.

※Goals are listed at the beginning of each lesson. After reading and understanding each goal, put a checkmark in the left box. After completing the lesson, check to see if you have achieved the goals. If you have achieved a goal, put a check mark in the box on the right.

②Annex

Answers and explanations (with translations)

The answers and explanations consist of answers to the practice questions, sample opinion statements for the sample questions (with opinions that are different from those in the main textbook), and sample opinion statements for practice questions marked with a ✎ symbol. Read the answers and explanations while paying attention to how the text is structured, and what kind of expressions are used.

③Manuscript paper

Manuscript paper to be used for writing the opinion statements can be downloaded from 3A Corporation's website.

https://www.3anet.co.jp/np/books/6460/

3. Orthography

The *kanji* shown in the *joyo kanji* list (national list of Chinese characters in common use) are shown as *kanji* characters. However, there are cases where the orthography has been changed at the author's discretion. The sample questions, practice questions, and mock tests in Lesson Twelve have *furigana* syllabary shown above some *kanji* characters which the author considers to be difficult. Outside of these sections, *kanji* characters are shown with the *furigana* syllabary.

4. Promoting self-study

Proceed in sequence from Lesson One, and check how well you can write an opinion statement in the mock tests in Lesson Twelve.

〈How to proceed from Lessons One to Eleven〉

1) After reading and understanding the "目標" put a checkmark in the box on the left.

2) After you have ascertained the items to be learned in that lesson, proceed to answer the sample questions (there are no sample questions in Lessons Nine to Eleven). After that, study the key points of the lesson, important expressions, how to write notes, etc., while looking at the sample answers for the sample questions.

3) Answer the practice questions.

4) Look at the "Annex" and compare your answers with the answers provided for the practice questions. Read the explanations as well to deepen your understanding.

5) Sample opinions statements are provided in the "Annex", for the sample questions and practice questions marked with a ✎ symbol. Try writing an opinion statement of about 400 to 500 characters on your own and compare your statement with the sample opinion statements.

6) Read the "知識をひろげよう　Let's Learn More" section, then try to remember the words related to the theme and deepen your understanding. It is also a good idea to look up the themes you are interested in.

7) Check if you have achieved the "目標". If you have achieved a goal, put a checkmark in the box on the right.

致本书使用者

1. 编写目的

学习日本留学考试"记述问题"中的议论文的写法，掌握在规定的时间内逻辑性地写出自己意见的能力。

2. 构成

①本册

让我们来了解一下记述问题　第1～3课

归纳了在学习日本留学考试的记述问题中需要的基础知识。学习有关课题的理解方法、稿纸的用法、文体以及议论文的构成。

学习意见文的写法　第4～8课

把议论文按"意见""理由""具体例"等要素分类，分阶段来学习其基本的写法。在各课中还介绍有写时需要的"重要表现"。

写一下自己的意见　第9～11课

按照记述问题的类型，学习记笔记的方法，练习利用笔记写出议论文。另外还收录有如何分配时间和使用稿纸等对考试有用的建议。

模拟题　第12课

第12课作为模拟考试，按问题类型收录有3次的模拟考试。模拟考试时间以一次30分钟为限。活用第1～11课学习的内容，在规定时间内写出400～500字的议论文。

※各课的开头都写有"目标"。阅读并理解了目标的内容后，在左侧的"□"里打上✔。每课学完之后，确认一下是否已经达成了"目标"。如果达成，在右侧的「□」里打上划✔。

②别册

解答・解说（附有译文）

解答、解说中，收录有练习问题的解答和作为例题的议论文例（与本册不同意见的）、练习问题中标有"✎"记号的问题议论文的例子。阅读时，要注意文章是怎样构成的，使用了怎样的表达这两点。

③稿纸

写议论文用的稿纸（解答用纸），可从本社的网页下载。

https://www.3anet.co.jp/np/books/6460/

3. 书写规则

　常用汉字表中的汉字都用汉字来标注。不过，根据作者的判断，有时也会改变标注。例题和练习问题、第12课的模拟考试，根据作者的判断认为比较难的汉字，标有注音假名。除此之外，所有汉字都标有注音假名。

4. 自学学习方法

　从第1课依序而进，用第12课的模拟考试来确认一下自己的议论文写的怎么样了。

〈从第1课到第11课的进展方法〉

1）阅读并理解了"目标"的话，在左侧的"□"里打上✔。

2）确认该课的学习项目后，解答例题（第9～11课没有例题）。然后，一边看例题的解答例子，一边学习那一课的要点、重要表达以及记笔记的方法等。

3）解答练习问题。

4）阅读"别册"，对练习问题的答案。解说也要阅读以加深理解。

5）在例题、练习问题中标有"✎"记号的问题，"别册"收录有议论文的例文。试着自己写一篇400～500字左右的议论文来加以比较。

6）阅读「知識をひろげよう Let's Learn More」，记住与题目有关的词汇，加深理解。对于感兴趣的题目也可以自己去查。

7）确认"目标"是否已经达到。如果达到了，在右侧"□"里打上✔。

Dành cho người dùng sách này

1. Mục đích

Học cách viết bài luận nêu ý kiến cho "đề thi Viết luận" của Kỳ thi du học Nhật Bản và đạt được năng lực viết ra ý kiến của bản thân một cách hợp lý trong thời gian giới hạn.

2. Cấu trúc

①Sách chính

Tìm hiểu về đề thi Viết luận: Lần 1 – Lần 3

Tổng hợp các kiến thức cơ bản cần thiết để giải đề thi Viết luận của Kỳ thi du học Nhật Bản. Bạn sẽ học về cách đọc hiểu yêu cầu của đề, cách dùng giấy viết chữ Nhật, văn phong và cấu trúc của bài luận nêu ý kiến.

Học cách viết bài luận nêu ý kiến: Lần 4 – Lần 8

Bạn sẽ học theo từng bước cách thức cơ bản để viết một bài luận nêu ý kiến bằng cách chia nhỏ nó thành từng phần như "ý kiến", "lý do", "ví dụ cụ thể" v.v. Các "mẫu diễn đạt quan trọng" cần để viết luận cũng được giới thiệu trong từng lần.

Viết ý kiến của bản thân: Lần 9 – Lần 11

Bạn sẽ học cách viết ghi chú và luyện tập vận dụng chúng để viết bài luận nêu ý kiến theo từng kiểu đề thi Viết luận. Ngoài ra, chúng tôi cũng đã đưa vào đây những lời khuyên hữu ích cho bài thi, chẳng hạn như việc phân bố thời gian và phân bố giấy viết chữ Nhật v.v.

Bài thi thử: Lần 12

Lần 12 là bài thi thử, được in dưới dạng 3 bài thi thử chia theo kiểu đề. Giới hạn thời gian làm bài cho mỗi bài thi là 30 phút. Hãy vận dụng những điều đã học từ lần 1 đến lần 11 để viết bài luận nêu ý kiến có độ dài 400 - 500 chữ trong thời gian giới hạn.

※Phần đầu của mỗi lần đều có "Mục tiêu". Sau khi đã đọc và hiểu mục tiêu, người học sẽ đánh dấu vào (□) bên trái. Học xong lần nào thì hãy kiểm tra xem mình đã đạt được "mục tiêu" của lần đó hay chưa. Nếu đạt được thì đánh dấu vào (□) bên phải.

②Phụ lục

Đáp án, giải thích đáp án (kèm bản dịch)

Ở phần Đáp án, giải thích đáp án có đáp án cho bài luyện tập, ví dụ về bài luận nêu ý kiến của bài tập mẫu (khác với ý kiến trong Sách chính) và ví dụ về bài luận nêu ý kiến của câu hỏi có dấu ✎ trong bài luyện tập. Bạn hãy vừa đọc chúng vừa lưu ý đến những điểm như: bài luận có kết cấu đoạn văn như thế nào, mẫu diễn đạt nào được sử dụng.

③Giấy viết chữ Nhật

Bạn có thể tải giấy viết chữ Nhật để viết bài luận nêu ý kiến từ trang web của chúng tôi.

https://www.3anet.co.jp/np/books/6460/

3. Ký tự

Chúng tôi ghi những chữ có trong bảng Hán tự thông dụng bằng Hán tự. Tuy nhiên vẫn có những chữ được thay bằng ký tự khác tùy theo nhận định của nhóm tác giả. Trong bài tập mẫu, bài luyện tập và bài thi thử ở lần 12, những Hán tự được nhóm tác giả nhận định là khó thì được phiên âm. Ngoài những chỗ đó ra thì toàn bộ Hán tự đều được phiên âm.

4. Cách tự học

Bạn hãy học theo thứ tự từ lần 1 trở đi rồi kiểm tra xem mình có thể viết được bài luận nêu ý kiến đến mức độ nào ở bài thi thử trong lần 12.

‹Cách học từ lần 1 đến lần 11›

1) Sau khi đọc và hiểu "目標" thì đánh dấu vào (□) bên trái.

2) Khi đã chắc chắn về những đề mục học trong lần đó rồi thì giải bài tập mẫu (lần 9 – lần 11 không có bài tập mẫu). Sau đó, vừa xem đáp án bài tập mẫu vừa học điểm chính, mẫu diễn đạt quan trọng, cách viết ghi chú v.v. của lần đó.

3) Giải bài luyện tập.

4) Xem "Phụ lục" để đối chiếu câu trả lời với đáp án của bài luyện tập. Hãy đọc cả phần giải thích đáp án để hiểu sâu hơn.

5) Trong "Phụ lục" có ví dụ về bài luận nêu ý kiến của bài tập mẫu và của câu hỏi có dấu ✎ trong bài luyện tập. Hãy thử tự viết bài luận nêu ý kiến dài khoảng 400 - 500 chữ rồi so sánh với chúng.

6) Hãy đọc "知識をひろげよう Let's Learn More" để ghi nhớ từ vựng có liên quan đến chủ đề và hiểu sâu hơn. Bạn cũng có thể tự tìm hiểu thêm về những chủ đề mình quan tâm.

7) Kiểm tra xem mình đã đạt được "目標" chưa. Nếu đạt được thì đánh dấu vào (□) bên phải.

この本をお使いになる先生へ

この本は，下記のような学習者を対象としています。

・初めて日本留学試験を受ける学習者

・まとまった文章を書くことに苦手意識がある学習者

このような学習者を対象に，日本留学試験の「記述」を扱う授業を想定して作成しました。記述問題の出題タイプを三つに分け，意見文の書き方のポイントをまとめています。授業では，それぞれの回のポイントを学習者に意識させてください。

1. 授業の進め方

（1）時間配分

1回目〜11回目は，各45分の授業を想定しています。45分ですべてを扱うのが難しい場合は，一部を自宅学習用にするなどしてください。12回目は模擬試験となっていますので，本番の試験と同じように30分で実施し，別途解説の時間をとることをお勧めします。

（2）進め方の例

1回目〜 11回目	①「目標」の確認 ②その回で学習する項目を確認してから，例題を解く。 　（9回目〜11回目は例題なし） ③例題の答え合わせをし，解答例を読みながらポイントを解説 ④練習問題を解かせ，答え合わせと解説（※1） ⑤「目標」が達成できたか確認
12回目	①問題を一つ選び，30分で書く（※2） ②解答用紙を回収，解説。　後日：添削後，別途フィードバックを行う

（※1）1回目〜11回目では，練習問題の中に一つ「✎」マークがある問題があります。解答用紙に400〜500字の意見文を書く練習をさせましょう。学習者が意見文を書くことに慣れていない場合は，ある程度学習が進んだ段階で，書く練習をさせてください。8回目まで学習が終わると，意見文全体の構成を学習したことになります。意見文を宿題で書かせ，教師が添削，フィードバックを行うとよいでしょう。別冊に意見文の例があります。

（※2）12回目は模擬試験です。問題タイプ別に3回分の模擬試験があります。授業では，教師がどのタイプの問題を扱うかを決め，本番にならって，学習者自身が2問のうち1問を選ぶとよいでしょう。

（3）添削とフィードバック

　本書では，意見文の構成や書き方について一通り学習した9回目以降に400～500字程度の意見文を書かせることを想定していますが，学習者やクラスによっては，それより前の回から書かせることも可能です。教師が添削する際は，その回の「目標」に絞った添削をするのもいいでしょう。例えば，「5回目　理由の書き方」を扱う場合であれば，「書かれている理由の説得力が十分であるか」「理由を表す表現が適切に使われているか」などの点に注目し，細かい文法や表現のミスについては，あまり重く取り上げないようにします。そうすることで，その回の学習事項が明確になります。

　また，添削には「気づき添削」が有効です。「気づき添削」とは，意味がよくわからない文や構成のミスなどにマークやヒントを書き，学習者自身に修正を促す方法です。例えば「ここには『理由』を書きましょう」「これは『○○』ということ？」などアドバイスや問いかけを書きます。文法や表現の明らかなミスは教師が直しますが，文そのものを教師がまるごと書き直してしまっては，学習者が本当に述べたい内容と違ってしまうことがあります。より本番の試験を意識して添削する場合は，1回目の「1．（2）評価のポイント」に沿うとよいでしょう。

　書いた原稿を学生がお互いに読み合う授業（ピアラーニング）も有効です。質問やコメントをし合うことで，意見文の内容やテーマの理解が深まる効果があります。

2. 自律学習の促し

　限られた授業時間内では十分な練習時間がとれないことも多いでしょう。ぜひ先生からも自律学習のアドバイスをしてください。以下のような学習をお勧めします。

　　・本冊のポイントや別冊の意見文の例を読んで，理解を深める

　　・練習問題の「✎」がない問題も時間を測って，意見文を書いてみる

　　・「知識をひろげよう」の言葉を覚えたり，話題になっているニュースなどを調べたりする

　記述問題を書く上では，時事的な知識も大切です。学習者自身が日々アンテナを張り，意見を持つ習慣をつければ，説得力のある意見文が書けるようになるでしょう。

このシリーズでは，学習に合わせて，忍者と一緒に時間旅行をします。「読解」「聴解・聴読解」「記述」を合わせて学習すると，日本の歴史の流れを見ていくことができます。
「記述」では「江戸時代〜明治時代」を見ていきます。

In this series, you will travel in time with a ninja as you learn. You can see the flow of Japanese history as you study "Reading comprehension," "Listening and listening–reading comprehension" and "Writing."
In the "Writing" section, we will look at the "Edo era to the Meiji era."

在这个系列中，配合学习与忍者一起来进行时空旅行。把"读解"、"听解／听读解"、"记述"部分配合来学的话，可以看到日本历史的进程。
在"记述"部分，依次来看一下"江户时代到明治时代"。

Trong bộ sách này, bạn sẽ cùng ninja du hành xuyên thời gian tương ứng với việc học. Nếu học kết hợp "Đọc hiểu", "Nghe hiểu – Nghe đọc hiểu", "Viết luận" thì sẽ xem được tiến trình của lịch sử Nhật Bản.
Trong cuốn "Viết luận", bạn sẽ xem về "Thời kỳ Edo - thời kỳ Meiji".

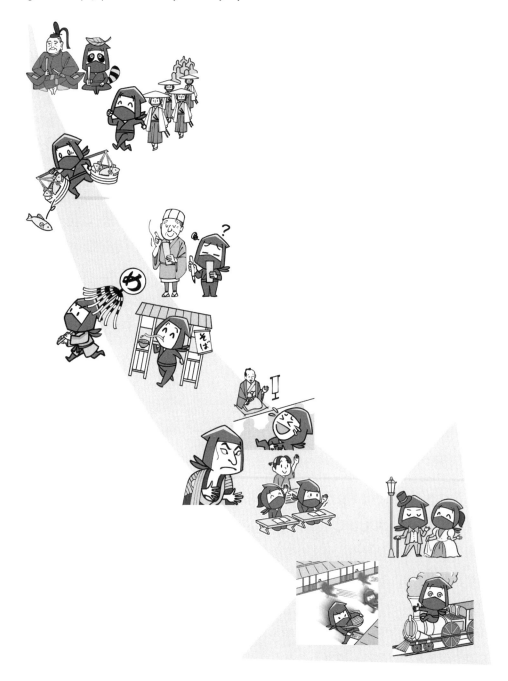

記述問題について知ろう
Know about "writing" questions
让我们来了解一下记述问题
Tìm hiểu về đề thi Viết luận

1
回目

問題文の読み方

How to read the question
问题文的阅读方法
Cách đọc đề bài

■課題　□主張　□根拠　□構成　□表現

記述問題の解答用紙には何を書くのでしょう。そのヒントは問題文の中にあります。1回目は，問題文から課題（書かなければならないこと）を読み取る練習をしましょう。

目標　□ □ 記述問題の評価のポイントがわかる。
　　　　□ □ 問題のタイプを理解し，問題文が読み取れるようになる。
　　　　□ □ 問題文によく使われる表現の意味がわかる。
　　　　□ □ 科学技術に関する知識を広げる。

Understand the key points in the evaluation of a writing question. / Understand the question type, and be able to interpret the question. / Understand the meaning of expressions used frequently in the question. / Expand your knowledge of science and technology.

领会记述问题的评价要点。／理解问题的类型，读懂问题文。／了解问题文经常使用的各种表达的意思。／增长有关科学技术方面的知识。

Hiểu được những điểm chính để đánh giá của đề thi Viết luận. / Nắm được các kiểu đề và đọc hiểu được đề bài. / Hiểu được ý nghĩa của các mẫu diễn đạt thường được dùng trong đề bài. / Mở rộng kiến thức liên quan đến khoa học công nghệ.

キーワード：テーマ　　タイプ　　長所・短所　　予測　　対策　　問題文　　状況
　　　　　　課題に沿う

Theme　Type　Advantages/Disadvantages　Prediction　Countermeasure　Question　Situation　Follow the task
题目　类别　优缺点　预测　对策　问题文　状况　按照课题
chủ đề　kiểu　ưu điểm, nhược điểm　dự đoán　đối sách　đề bài　tình trạng　theo yêu cầu đề

Ⅰ．記述問題について

（1）問題のタイプ

記述問題では，あるテーマで，問題文にある課題に沿って，自分の意見を書きます。この本では，記述問題を課題のタイプによって次の三つに分けます。

「長短タイプ」→良い点・問題点，長所・短所，賛成・反対などの二つの立場などに触れ，
　　　　　　　どちらがいいと思うか，自分の意見を書く。
「予測タイプ」→ある状況について，今後どうなるかを予測し自分の意見を書く。
「対策タイプ」→ある問題について，対策を考え自分の意見を書く。

この三つのタイプを覚えましょう。

（２）評価のポイント

評価の主なポイントは，課題，主張，根拠，構成，表現の五つです。この五つのポイントで次のような力を測ります。

課題：問題文の指示に従って書く力

主張：自分の考えを書く力

根拠：自分の考えの理由や具体例を書く力

構成：読みやすい順番や段落分けで書く力

表現：正しい言葉・文法で書く力

課題とは，問題を出した人が書いてほしいことです。
問題文から課題を見つけましょう。

２．問題文の読み取り方

例題） 次の問題文を読んで，質問に答えてください。

> AI（人工知能）の発達によって，私たちの生活は便利になりました。しかし，AIを使うことは，良いことがある一方で，問題が起きることもあります。
>
> AIを使うことの良い点と問題点の両方に触れながら，AIを使うことについて，あなたの考えを述べなさい。

質問１ この問題のテーマは何ですか。

質問２ この問題のタイプは何ですか。{長短タイプ ・ 予測タイプ ・ 対策タイプ}

質問３ この問題の課題（書かなければならないこと）は何ですか。

質問の解答

質問１ AIを使うこと

質問２ 長短タイプ

質問３ ・AIを使うことの良い点

・AIを使うことの問題点

・AIを使うことについての自分の考え

◆問題文を読むときのポイント

> 　AI（人工知能）の発達によって，私たちの生活は便利になりました。しかし，AIを使うことは，良いことがある一方で，問題が起きることもあります。
> 　AIを使うことの良い点と問題点の両方に触れながら，AIを使うことについて，あなたの考えを述べなさい。

ポイント1：問題文の前半はテーマ，後半は課題（書かなければならないこと）が書いてある。
ポイント2：課題に線＿＿＿＿＿＿を引きながら読んで，問題のタイプを見分ける。

◆Key points when reading the question
Point 1: The first half of the question describes the theme, and the second half describes the task (what you must write about).
Point 2: Underline the task while reading the question, and identify the question type.

◆阅读问题文时的要点。
要点1：问题文的前半部分写有题目，后半部分写有课题（必须写的内容）。
要点2：一边读一边在课题中划上下划线，识别问题的类型。

◆Những điểm chính khi đọc đề bài
Điểm chính 1: Nửa đầu của đề bài ghi chủ đề, nửa sau ghi yêu cầu đề (điều phải viết).
Điểm chính 2: Vừa đọc vừa đánh dấu vào yêu cầu đề và nhận biết kiểu đề.

例題の意見文の例を見て，課題に沿って書いてあるか確認しましょう。

　私たちは身の回りのさまざまなところでAI（人工知能）を使っている。AIは人々の生活をより良くするために役立っている。私はAIを使ったほうがいいと思う。

① 　なぜなら，AIを使うと，むだを減らすことができるからだ。たとえば，私たちがよく使う家電にもAIが使われている。洗濯物の量や汚れによって水や洗剤の量を変える洗濯機や，人がいる場所によって風向きや強さを自動調節するエアコンがある。このような家電は，資源を使う量を抑えることができる。また，AIは私たちの安全を支えている。AIは自動車などの乗り物に使われて，人や物などの危険に気づき，事故を防ぐことに役立っている。

② 　たしかに，機械が故障すると，AIがうまく働かなくなる可能性がある。自動車が故障しAIが働かないと，大事故につながり危険だ。しかし，技術が発達すれば，機械の故障もAIが予測できるようになっていくと思う。

③ 　さまざまな物にAIを使えば，エネルギーのむだを減らしたり安全に生活したりすることができる。したがって，私はAIを使ったほうがいいと思う。　（447字）*

＊文字・記号は1字としてカウント。原稿用紙への書き方は，p.11を参照。

① AIを使うことの良い点：むだを減らすことができる。私たちの安全を支えている。
② AIを使うことの問題点：機械が故障すると，AIがうまく働かなくなる。
③ AIを使うことについての自分の考え：AIを使うことに賛成。

3．大切な表現

ここで紹介するのは，記述の問題文でよく使われている表現です。

問題文を理解するのに大切な表現ですから，ぜひ，覚えてください。

（1）長短タイプの問題文

> AIを使うことの①良い点と問題点の②両方に触れながら，AIを使うことについて，あなたの考えを述べなさい。

①良い点と悪い点／良い点と問題点／長所と短所／メリットとデメリット／
利点と問題点
➡良いことと悪いことについて書く。

②両方（の立場／意見／考え）に触れながら
➡二つの立場／意見／考えについて書く。

（2）予測タイプの問題文

> キャッシュレス決済は，今後，どうなっていくと思いますか。

〜は今後，{どうなっていく／どんなことに活用できる／どう変化する}と思いますか
➡〜についての予測を書く。

（3）対策タイプの問題文

> 水質汚染の問題を解決するにはどうすればよいか，あなたの考えを述べなさい。

この{問題／状況}を{解決／改善}するにはどうすればよいか
➡問題や状況について，個人や社会全体で行う対策を書く。

（4）その他

①あなたの考えを述べなさい➡自分の考えを書く。
②理由とともに➡理由も書く（5回目で勉強します）。
③具体的な例をあげて／例をあげながら具体的に➡具体例も書く（6回目で勉強します）。
④〜と関連づけながら➡〜に関係のあることも書く。
⑤〜という考えに対する反論を述べなさい➡〜と反対の考えを書く。

4．練習

（1）〜（3）の問題のテーマ，タイプ，課題は何ですか。

（1）

> 　現在，ドローン（小型無人機）は，多くの国で研究，開発され実用化が進んでいます。しかし，ドローンの実用化には，良い点がある一方で，問題となる点もあるようです。
>
> 　ドローンの実用化が進むことについて，良い点と問題点の両方に触れながら，あなたの考えを述べなさい。

テーマ _____

タイプ　{長短タイプ　・　予測タイプ　・　対策タイプ}

課題 _____

_____

_____

（2）

> 　インターネット上の仮想空間「メタバース」は，ビジネスや教育，買い物，ゲームなどで幅広く活用できる可能性があります。
>
> 　「メタバース」は今後，広まると思いますか。具体例をあげて，あなたの考えを述べなさい。

テーマ _____

タイプ　{長短タイプ　・　予測タイプ　・　対策タイプ}

課題 _____

_____

_____

（3）✎

> 　クレジットカードや電子マネーなど，現金以外の方法で支払いをするキャッシュレ
> ス決済という方法があります。キャッシュレス決済は，便利な一方で，地域によって
> は，なかなか広まらないという問題があります。
> 　このような問題を解決するにはどうすればよいか，あなたの考えを述べなさい。

テーマ ＿＿＿＿＿＿＿＿＿＿＿＿＿＿＿＿＿＿＿＿＿＿＿＿＿＿＿＿＿＿＿＿＿＿

タイプ 〔長短タイプ　・　予測タイプ　・　対策タイプ〕

課題 ＿＿＿＿＿＿＿＿＿＿＿＿＿＿＿＿＿＿＿＿＿＿＿＿＿＿＿＿＿＿＿＿＿＿

＿＿＿＿＿＿＿＿＿＿＿＿＿＿＿＿＿＿＿＿＿＿＿＿＿＿＿＿＿＿＿＿＿＿

＿＿＿＿＿＿＿＿＿＿＿＿＿＿＿＿＿＿＿＿＿＿＿＿＿＿＿＿＿＿＿＿＿＿

知識をひろげよう　Let's Learn More

◆科学技術に関することば：AI（人工知能），ドローン（小型無人機），自動運転，

　スマートシティー，サイバー攻撃，電子マネー，宇宙開発，キャッシュレス決済，

　ゲノム編集，iPS 細胞，IoT（モノのインターネット），ビッグデータ，

　メタバース

◆第4次産業革命

　デジタル技術の発展により，「第4次産業革命」と呼ばれる産業の変化が起こって

　いる。それを支えるのがIoT と AIだ。IoT によってあらゆるモノやサービスのネッ

　トワーク化が可能になる。そこで集めた情報を AI で分析することで，新たなサー

　ビスやビジネスが生まれる。

◆The Fourth Industrial Revolution
The advancement of digital technology has brought about a transformation in industries called the "Fourth Industrial Revolution." This transformation is supported by IoT and AI. IoT enables the networking of various goods and services. By using AI to analyze the information collected by IoT, new services and businesses are born.

◆第4次产业革命
由于数据技术的发展、被称为"第4次产业革命"的产业发生了变化。支撑这一变化的是 IoT（物联网）和 AI（人工智能）。IoT 使所有东西和服务的网络化成为可能。通过 AI 分析收集到的信息，新的服务和商业得以产生。

◆Cách mạng Công nghiệp lần 4
Do sự phát triển của công nghệ kỹ thuật số, một sự thay đổi về công nghiệp được gọi là "Cách mạng Công nghiệp lần 4" đang diễn ra. Hỗ trợ cho điều này chính là IoT và AI. IoT giúp việc kết nối vạn vật và mọi dịch vụ trở nên khả thi. Và bằng việc dùng AI phân tích những thông tin thu thập được, các ngành dịch vụ và kinh doanh mới sẽ ra đời.

2回目 文体と原稿用紙の使い方

Writing style, and how to use the manuscript paper
文体和稿纸的使用方法
Văn phong và cách dùng giấy viết chữ Nhật

□課題　□主張　□根拠　□構成　■表現

「友だちと話すときに使う日本語と，記述問題のときに使う日本語は同じでいいのかな」
「原稿用紙に書くのは難しそう」と思っていませんか。2回目では原稿用紙に書くときの
ルールを勉強しましょう。

目標　□　□「だ・である体」「かたい表現」を使って文が書けるようになる。
　　　　□　□原稿用紙に書くときのルールがわかる。
　　　　□　□環境に関する知識を広げる。

Be able to write sentences using "だ・である" form and formal expressions. / Understand the rules of writing on manuscript paper. / Expand your knowledge of the environment.
达到能够使用"だ・である体"和"较硬的表达"来写的水平。／了解稿纸书写时的规则。／增长有关环境方面的知识。
Viết được câu văn có sử dụng "thể だ・である" và "mẫu diễn đạt trang trọng". / Hiểu được quy tắc khi viết trên giấy viết chữ Nhật. / Mở rộng kiến thức liên quan đến môi trường.

キーワード：だ・である体　かたい表現　句読点　段落　行　マス

"だ・である" form　Formal expressions　Punctuation　Paragraph　Line　Manuscript paper grid
だ・である体　较硬的表达　标点符号　段落　行　稿纸的格子
thể だ・である　mẫu diễn đạt trang trọng　dấu chấm và dấu phẩy　đoạn văn　dòng　ô

1．文体

日本語の文体には「です・ます体」と「だ・である体」があります。新聞，レポート，論文
などでは，かたい文体の「だ・である体」を使うことが多いです。「です・ます体」と「だ・
である体」を一緒に使ってはいけません。記述問題の意見文を書くときには，「だ・であ
る体」を使うことが多く，言葉や表現も「だ・である体」に合ったかたいものを使います。

2．「だ・である体」「かたい表現」を使った文章

例題）　次の文は記述問題の問題文と，Aさんが書いた意見文のはじめの部分です。この
　　　　意見文を「だ・である体」「かたい表現」に変えてください。

> 　最近，企業における環境問題への取り組みが注目されています。しかし，売れ残っ
> た商品を大量に捨てる企業も多く，問題になっています。
> 　今後，この問題を解決するためにどうすればよいか，あなたの考えを述べなさい。

8

Aさんの意見文のはじめの部分

最近は環境問題への関心も高まって，店や企業でもごみを減らす取り組みが盛んです。
だけど，その一方で，売れ残った衣料品とか食品とかが大量に捨てられています。

_____

_____

_____

例題の解答

最近は環境問題への関心も高まり，ごみを減らす取り組みが盛んだ。しかし，その一方で，
売れ残った衣料品や食品などが大量に捨てられている。

ポイント：記述問題のときは「だ・である体」（＿＿＿），「かたい表現」（＿＿＿）で書く。

Point: When answering a writing question, write using the "だ・である" form (___) and formal expressions (___).

要点：记述问题时，使用"だ・である体"（___）、"较硬的表达"（___）来写。

Điểm chính: Khi làm bài thi Viết luận thì sẽ viết bằng "thể だ・である" (___), "mẫu diễn đạt trang trọng" (___).

例題の意見文の例

　最近は環境問題への関心も高まり，ごみを減らす取り組みが盛んだ。しかし，その一方
で，売れ残った衣料品や食品などが大量に捨てられている。
　その原因は，企業が商品を作りすぎることだ。たとえばファストファッションは，値段
を下げるために，一度に大量に生産される。そして流行が終わると，売れ残った服は全て
捨てられ，別のデザインの服がまた大量に生産される。
　この問題を解決するには，企業が商品を作りすぎないようにする仕組みが必要だ。たと
えば，法律で商品を大量に捨ててはいけないと決まったら，企業は生産量を見直すだろう。
そうすれば，ごみも減るはずだ。
　また，企業がどのくらい環境問題に取り組んでいるかを公表することもいい方法だと思
う。最近は，企業の環境問題の取り組みも消費者に注目されている。売れ残ってごみにな
る商品が少ないということは，企業のイメージをよくし，宣伝にもつながる。
　このように，商品を捨てる量を減らすためには，法律の整備や企業の取り組みが重要だ
と思う。

(422字)

（１）文体「だ・である体」

「です・ます体」と「だ・である体」を比べてみましょう。

	です・ます体	だ・である体	です・ます体	だ・である体
動詞	書きます	書く	書きません	書かない
	書きました	書いた	書きませんでした	書かなかった
い形容詞	大きいです	大きい	大きくないです	大きくない
	大きかったです	大きかった	大きくなかったです	大きくなかった
な形容詞	有名です	有名だ・である	有名じゃありません	有名ではない
	有名でした	有名だった 有名であった	有名じゃありませんでした	有名ではなかった
名詞	学生です	学生だ・である	学生じゃありません	学生ではない
	学生でした	学生だった 学生であった	学生じゃありませんでした	学生ではなかった
その他	でしょう	だろう であろう	んです	のだ のである

（２）かたい表現

「だ・である体」の文章では，「だ・である体」に合ったかたい表現を一緒に使います。

	日常で使う表現	かたい表現
接続表現	だから	したがって
	でも・だけど	しかし・だが・しかしながら
	～から（文中)*	～ので・～ため
	～けど	～が
	～し（書くし，大きいし，有名だし） ～て（書いて，大きくて）	連用中止形**（書き，大きく，有名で）
	～ていて（使われていて）	連用中止形**（使われており）
副詞	ちょっと	少し
	すごく	とても・非常に・大変
その他	いっぱい	多く
	いろんな	いろいろな・さまざまな
	～とか～とか	～や～など

＊から（文中）：例）ここは自然が豊かだから，いい。→ここは自然が豊かなので，いい。

＊＊連用中止形：例）この町は歴史があって，人気だ。→この町は歴史があり，人気だ。

　意見文では，連用中止形を使うことが多いですが，「～て」を使ってもいいです。

３．原稿用紙に書くときのルール

例題）　下の原稿用紙の使い方は，間違っています。どこが間違っていますか。

現	在	、	世	界	で	は	地	球	温	暖	化	が	問	題	と	な	っ	て	い	る
。	大	気	中	の	二	酸	化	炭	素	（C	O	$_2$）	の	増	加	が	主	な	原
因	だ	。	こ	の	影	響	で	、	2100	年	ま	で	に	海	面	は	少	な	く
と	も	26	c	m	は	上	が	る	と	言	わ	れ	て	い	る	。			

ルール①文字

　ひらがな，カタカナ，漢字は１マス（一つの□）に１字書く。　| 上 | が | る |

ルール②拗音・促音

　拗音（小さい「ゃ」「ゅ」「ょ」）と促音（小さい「っ」）は１マスに１字書く。　| な | っ | て |

ルール③句読点

　読点（，）句点（。）は１マスに書く。　| て | い | る | 。 |

　行の初めには書かない。　×　| ～ | ～ | ～ | ～ | て | い | る |　○　| ～ | ～ | ～ | ～ | て | い | る。 |
　　　　　　　　　　　　　　　| 。 | ま | た | ～ | ～ | ～ |　　　　| ま | た | ～ | ～ | ～ | ～ |

ルール④かっこ・かぎかっこ・二重かぎかっこ

　（　）「　」『　』は１マスに書く。　| （） | 「」 |

　）」』は行の初めには書かない。　×　| ～ | ～ | ～ | （C | O | $_2$ |　○　| ～ | ～ | ～ | （C | O | $_2$） |
　　　　　　　　　　　　　　　　　　| ） | ま | た | ～ | ～ | ～ |　　　　| ま | た | ～ | ～ | ～ | ～ |

ルール⑤数字

　１桁の数字は１マスに１字書く。２桁以上の数字は１マスに２字書く。　| 1 | 日 |　| 21 | 00 |

ルール⑥アルファベット

　大文字は１マスに１字書く。小文字は１マスに２字書く。　| U | ni | te | d | N | at | io | ns |

ルール⑦段落の初め

　１マス空ける。　| | 現 | 在 | 、 | 世 | 界 |

	現	在	、	世	界	で	は	地	球	温	暖	化	が	問	題	と	な	っ	て
い	る	。	大	気	中	の	二	酸	化	炭	素	（	Ｃ	Ｏ	₂	）	の	増	加
が	主	な	原	因	だ	。	こ	の	影	響	で	、	21	00	年	ま	で	に	海
面	は	少	な	く	と	も	26	cm	は	上	が	る	と	言	わ	れ	て	い	る	。

4. 練習

（1）〜（3）の問題文と意見文の一部を見て，意見文の一部を原稿用紙に「だ・である体」「かたい表現」で書き直してください。原稿用紙はウェブからダウンロードできます（p.(9)）。

（1）

> 有害物質によって土が汚れてしまう土壌汚染は，人の健康に深く関係していると言われています。
>
> 今後，土壌汚染の問題を解決するためにはどうすればよいか，あなたの考えを述べなさい。

〈意見文の一部〉

現在、いろんな環境問題がありますけど、その中でも土壌汚染はちょっと特別です。それは大気汚染や海洋汚染と違って、汚れていることに気がつきにくいからです。見えないからこそ、知らないうちに、私たちの体は悪い影響を受けています。

（2）

> 現在，数が減って，もうすぐ絶滅すると考えられる動物がいます。そのような動物の数が減っているのは人間の活動が原因だと言われています。
>
> その原因について説明しなさい。そして，この問題を解決するためにはどうすればよいか，あなたの考えを述べなさい。

〈意見文の一部〉

ここ50年の間に、人間の生活は大きく変化しました。この変化は動物とか植物とかにすごく悪い影響を与えていて、その結果「絶滅危惧種」が増えてしまいました。

(3) 🖉

私たちの身の回りには多くのプラスチック製品があります。プラスチック製品はとても便利ですが、プラスチックのごみが正しくリサイクルされなかったり、海に流れ出たりするなど、さまざまな環境問題が起きています。

今後、プラスチックごみの問題はどうなっていくか、あなたの考えを述べなさい。

〈意見文の一部〉

プラスチックは、軽くて丈夫ですから、いろんな製品に使われているけど、使われた後は大量のごみになります。最近、大きさが5mm以下の「マイクロプラスチック」で、海が汚れることも問題になっています。でも、私は今後、プラスチックごみの問題は改善すると考えます。

知識をひろげよう　Let's Learn More

◆環境に関することば：大量生産、大量消費、食品ロス、ファストファッション、地球温暖化、大気汚染、土壌汚染、海洋汚染、マイクロプラスチック、3R（Reduce【リデュース】、Reuse【リユース】、Recycle【リサイクル】）、環境ラベル、絶滅危惧種

◆企業の環境問題への取り組み

経済の発展とともに、環境問題は深刻化してきた。企業の事業内容によっては、環境に大きな影響を与える場合もある。環境問題への取り組み姿勢は、その企業が優れているかどうかの評価基準の一つにもなっているため、環境問題への自社の取り組みをウェブサイトなどで公開する企業も多い。

◆Corporate initiatives to address environmental issues
Environmental problems are becoming increasingly serious as economic development progresses. Depending on the nature of a company's business, it may have a significant impact on the environment. As a company's stance on addressing environmental issues is becoming one of the criteria for assessing how good the company is, many companies are now disclosing their initiatives to address environmental issues on their websites and other channels.

◆致力于解决企业环境问题
随着经济的发展，环境问题也越来越严重。根据企业的事业内容，也有时会给环境带来很大的影响。对环境问题的应对姿态，也成为了评价该企业是否优秀的基准之一，因此也有很多公司在网页上公布了自己公司对环境问题所采取的措施。

◆Việc nỗ lực giải quyết vấn đề môi trường của doanh nghiệp
Cùng với sự phát triển của kinh tế, các vấn đề môi trường đã trở nên nghiêm trọng hơn. Tùy vào hoạt động kinh doanh của doanh nghiệp, có khi chúng cũng gây ảnh hưởng lớn đến môi trường. Vì thái độ nỗ lực giải quyết các vấn đề môi trường đang trở thành một trong những tiêu chí đánh giá liệu một doanh nghiệp có vượt trội hay không nên nhiều doanh nghiệp công bố nỗ lực giải quyết vấn đề môi trường của mình trên trang web v.v.

3 回目 文章全体の構成

Overall structure of the text
文章整体的构成
Cấu trúc toàn bài luận

□課題　□主張　□根拠　■構成　□表現

記述問題には，よく「あなたの考えを述べなさい」という問題文があります。「考え」というのは「意見」のことです。意見文には何を書けばいいでしょうか。3回目は，文章の構成を勉強しましょう。

目標　□ □ 400 ～ 500 字の意見文の文章構成がわかる。
　　　　□ □ 生活に関する知識を広げる。

Understand the structure of an opinion statement of about 400 – 500 characters. / Expand your knowledge of life.
了解 400 ～ 500 字的议论文的构成。／增长有关生活方面的知识。
Hiểu cấu trúc của một bài luận nêu ý kiến dài 400 - 500 chữ. / Mở rộng kiến thức liên quan đến cuộc sống.

キーワード：構成　順番　意見　結論

Structure　Sequence　Opinion　Conclusion　构成　顺序　意见　结论　cấu trúc　thứ tự　ý kiến　kết luận

Ⅰ．意見文の構成

意見文を書くときは，書く前に，何をどんな順番で書くか，「構成」を考えてから，書き始めましょう。構成は「はじめ」「なか」「おわり」の三つです。問題タイプごとの構成は次のとおりです。

	長短タイプ	予測タイプ	対策タイプ
はじめ	テーマ・意見	テーマ・意見	テーマ
なか	理由－具体例 反対意見・反論	理由－具体例	原因－具体例 対策
おわり	結論	結論	結論

「なか」は段落が分かれてもいいです。

はじめ：テーマと意見を書く。対策タイプは「はじめ」には意見を書かない。

なか　：それぞれのタイプに合わせて書く。

おわり：結論を書く。長短タイプ，予測タイプは，「はじめ」の意見と同じ内容を書く。
　　　　対策タイプは「なか」の内容をまとめて自分の意見を書く。

２．問題タイプごとの意見文の構成

例題） 次の問題文を読んで，質問に答えてください。

> 　近年，都市部では，他人同士が一つの家で一緒に生活する「シェアハウス」に住む若者が増えています。
>
> 　今後，シェアハウスの利用者の数はどうなっていくと思いますか。あなたの考えを述べなさい。

質問１ 問題タイプは何ですか。

　　　{長短タイプ　・　予測タイプ　・　対策タイプ}

質問２ 質問１の問題タイプに合う意見文の構成になるよう，☐から言葉を選んで，（　　　　）に入れてください。

> テーマ・意見，テーマ，理由－具体例，原因－具体例，反対意見・反論，対策，結論

はじめ	①	①（　　　　　　　　　　　　　　　　　　　　）
なか	②	②（　　　　　　　　　　　　　　　　　　　　）
おわり	③	③（　　　　　　　　　　　　　　　　　　　　）

質問３ 質問２の①②③に書く内容を，次のABCから選んでください。

　　　①（　　　）②（　　　）③（　　　）

A　なぜなら，今後，深い人間関係を求める人が増えると考えるからだ。最近はアパートの隣に住んでいる人の顔を知らないという話も聞く。こんな時代を寂しいと感じる人もいるのではないだろうか。

B　最近，シェアハウスに住む若者が増えている。私は今後もさらに特徴のあるシェアハウスが増え，その利用者も増えると考える。

C　以上のことから，シェアハウスの利用者は今後も増えていくと思う。

質問1　予測タイプ

質問2　①テーマ・意見　②理由－具体例　③結論

質問3　①B　②A　③C

例題の意見文の例を見てみましょう。

はじめ

　最近，シェアハウスに住む若者が増えている。私は今後もさらに特徴のあるシェアハウスが増え，その利用者も増えると考える。

なか

　なぜなら，今後，深い人間関係を求める人が増えると考えるからだ。最近はアパートの隣に住んでいる人の顔を知らないという話も聞く。こんな時代を寂しいと感じる人もいるのではないだろうか。インターネットの普及で，直接コミュニケーションを取る機会はますます減っている。人と出会うために，シェアハウスを選ぶ人はこれからも増えるだろう。

　また，自分と同じ仕事，趣味，境遇の人と住むことができれば，同じ目標や同じ悩みを持つ人と交流できる。最近は起業したい人専用のシェアハウス，ゲーム好きの人専用のシェアハウス，シングルマザー専用のシェアハウスなどもある。そこでは，お互いに影響を与え合ったり，相談したりできるというメリットがある。超高齢社会の日本では家族がいない高齢者同士が一緒に住むようなシェアハウスも一般的になるかもしれない。

おわり

　以上のことから，シェアハウスの利用者は今後も増えていくと思う。　　　　（444字）

◆構成を決めるポイント

ポイント1：問題文のテーマと課題を見て，問題タイプを確認する。

ポイント2：問題タイプに合う構成を判断する。

◆Key points when determining the structure
Point 1: Look at the theme and subject of the question, and check the question type
Point 2: Determine which structure corresponds to the question type.

◆决定构成的要点
要点1：看问题文的题目和课题，识别问题的类型。
要点2：判断与问题文类型相符的构成。

◆Những điểm chính để quyết định cấu trúc
Điểm chính 1: Xem chủ đề và yêu cầu của đề bài rồi nhận định kiểu đề.
Điểm chính 2: Xác định cấu trúc phù hợp với kiểu đề.

3．練習

（１）～（３）の問題タイプは何ですか。また，（　　　　）に入る言葉を▢から選んで書き，そこに書く内容をABCから選んでそれぞれ［　　　　］に書いてください。

テーマ・意見，テーマ，理由−具体例，原因−具体例，反対意見・反論，対策，結論

（１）

インターネットでニュースを読むことが可能になり，最近は紙の新聞を読まない人が増えています。

今後，紙の新聞を読む人の数はどうなっていくと思いますか。あなたの考えを述べなさい。

タイプ {長短タイプ　・　予測タイプ　・　対策タイプ}

はじめ（　　　　　　　　）［　　　　］

なか　（　　　　　　　　）［　　　　］

おわり（　　　　　　　　）［　　　　］

A　なぜなら，若い世代は紙の情報よりデジタルの情報を好むと考えるからだ。インターネットが身近にある中で育った人たちは，今後もデジタル化されたものを利用することが多いだろう。

B　これからも，紙の新聞を読む人の数は減っていくと思う。

C　最近は紙の新聞を読まない人が増えている。今後も紙の新聞を読む人の数は減っていくと思う。

（2）

　　現在，食習慣，運動習慣，休みのとり方など，生活習慣が原因で病気になる人が多くいます。しかし，原因がわかっていても「生活習慣病」の人は減りません。

　　なぜ減らないのか，理由を説明しなさい。また，生活習慣病の問題を解決するにはどうすればよいか，あなたの考えを述べなさい。

タイプ｛長短タイプ　・　予測タイプ　・　対策タイプ｝

はじめ（　　　　　　　　　　）［　　　　］

なか　（　　　　　　　　　　）［　　　　］

おわり（　　　　　　　　　　）［　　　　］

　A　現在，生活習慣病の人が多い。

　B　自分の生活習慣を知ることが大切だ。

　C　原因の一つに，生活習慣を変えることの難しさがある。たとえば，運動をしなければいけないと思っていても，つい怠けてしまうという経験は誰にでもあるだろう。この問題を解決するには，まず，生活習慣に対する意識を変えることが必要だ。自分の生活習慣をノートに書き出すことは有効だと思う。

（3） ✎

　　最近，24時間営業をやめる飲食店やコンビニが増えています。24時間営業は良い点がある一方で，問題となる点もあるようです。

　　24時間営業について，良い点と悪い点の両方に触れながら，あなたの考えを述べなさい。

タイプ｛長短タイプ　・　予測タイプ　・　対策タイプ｝

はじめ（　　　　　　　　　　）［　　　　］

なか　（　　　　　　　　　　）［　　　　］

おわり（　　　　　　　　　　）［　　　　］

A　24時間営業はやめたほうがいいと考える。

B　最近，24時間営業をやめる飲食店やコンビニが増えている。私は24時間営業はやめたほうがいいと考える。

C　なぜなら，犯罪などの問題が起こる可能性が低くなるからだ。深夜，客や店員が少ないコンビニに強盗が入ったり，店の周りで客が騒ぎ，近くの住民が警察を呼んだりするトラブルをよく聞く。24時間営業の店がなくなれば，そのような問題はなくなると思う。たしかに，早朝や深夜も開いている店は便利かもしれない。しかし，昼間のうちに必要なものを用意しておくなど，別の方法で対処できることが多い。

知識をひろげよう　Let's Learn More

◆生活に関することば：食習慣，生活習慣，生活習慣病，ライフスタイル，ワークライフバランス，人生100年時代

◆ライフスタイルの多様化

時代の流れとともに，人々の暮らし，働き方や価値感なども変わっている。テレワークをきっかけに都会から地方へ移住したり，正社員の仕事とは別に，休日などを利用して副業をしたりするなど，場所や組織にしばられない生き方をする人が増えている。

◆Diversification of lifestyles
With the passing of time, lifestyles, work styles, and values are also changing. A growing number of people are adopting lifestyles that are not constrained by location or organization, such as relocating from cities to rural areas after starting telework, or taking up side jobs on weekends and holidays that are separate from their full-time employment.

◆生活方式的多样化
随着时代的变迁，生活、工作方式以及价值观等也都在发生变化。以远程办公为契机，或从城市移居到地方，或除了正式工作以外，利用假日做兼职等，选择这种不受场所和组织约束的自由生活方式的人在不断增加。

◆Sự đa dạng hóa lối sống
Theo dòng chảy của thời đại, cuộc sống, cách làm việc, giá trị quan v.v. cũng đang thay đổi. Ngày càng có nhiều người sống tự do, không bị ràng buộc bởi địa điểm hay tổ chức, chẳng hạn như di chuyển từ đô thị về nông thôn do làm việc từ xa, hoặc dùng ngày nghỉ v.v. làm công việc phụ ngoài công việc toàn thời gian v.v.

意見文の書き方を学ぼう

Learn about how to write opinion statements

学习意见文的写法

Học cách viết bài luận nêu ý kiến

4 回目 テーマ・意見の書き方

How to write about a theme/opinion
题目、意见的写法
Cách viết chủ đề và ý kiến

□課題　■主張　□根拠　□構成　■表現

意見文では「自分の意見」が大切なポイントになります。4回目は記述問題のポイントとなる意見の書き方を中心に勉強しましょう。

目標　□ □ 意見を書くときに必要な表現が使えるようになる。

　　　　□ □ テーマについて自分の意見が書けるようになる。

　　　　□ □ 教育に関する知識を広げる。

Be able to use the necessary expressions when writing opinions. / Be able to write your own opinions on the theme. / Expand your knowledge of education.
写意见时能够使用必要的表现。／能够就题目写出自己的意见。／增长有关教育方面的知识。
Có thể dùng các mẫu diễn đạt cần thiết khi viết ra ý kiến. / Viết được ý kiến của bản thân theo chủ đề. / Mở rộng kiến thức liên quan đến giáo dục.

キーワード：テーマ　意見　結論　論理的

Theme　Opinion　Conclusion　Logical　题目　意见　结论　逻辑性　chủ đề　ý kiến　kết luận　hợp lý

Ⅰ．テーマ・意見とは

テーマ：「はじめ」に書きます。

意見　：長短タイプと予測タイプで，「はじめ」に書きます。

結論　：長短タイプと予測タイプでは，「はじめ」の意見と同じ内容を書きます。

　　　　対策タイプでは，「なか」で書いたことをまとめて書きます。

	長短タイプ	予測タイプ	対策タイプ
はじめ	テーマ・意見	テーマ・意見	テーマ
なか	理由－具体例 反対意見・反論	理由－具体例	原因－具体例 対策
おわり	結論	結論	結論

22

（１）テーマ

テーマはＡかＢの方法で書きましょう。

> 外国語を学ぶために，留学する人が増えています。
>
> 将来，留学をする人の数はどうなっていくでしょうか。あなたの考えを書きなさい。

Ａ．問題文を使って短くまとめる

例）外国語を学ぶために，留学をする人が増えている。

Ｂ．テーマについて知っていることを書く

例）国際化が進むとともに，現地で外国語を学ぶ人が増えている。
特にアメリカや中国は留学生の受け入れを増やしている。

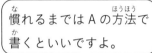 慣れるまではＡの方法で書くといいですよ。

（２）意見

「はじめ」と「おわり」に書く意見の書き方を学びましょう。（長短タイプ，予測タイプ）

長短タイプ：「賛成」「反対」など，どちらかの立場で自分の意見を書く。

> 外国語を勉強するなら留学したほうがいいという人がいます。しかし，留学には良い点もあれば悪い点もあります。
>
> 両方の立場に触れながら，留学して外国語を学ぶことについてあなたの意見を書きなさい。

例）私は外国語は留学して勉強したほうがいいと思う。
私は外国語は自分の国で勉強したほうがいいと思う。

予測タイプ：「増える」「減る」などの立場で自分の意見を書く。

> 外国語を学ぶために，留学する人が増えています。
>
> 将来，留学する人の数はどうなっていくでしょうか。あなたの考えを書きなさい。

例）留学する人の数は増えると思う。
留学する人の数は減ると思う。

※対策タイプの意見文の書き方は８回目で勉強します。

2．テーマ・意見の書き方

例題） 次の問題文と意見文の例を読んで，質問に答えてください。

> 近年，デジタル教科書の導入が進んでいます。しかし，デジタル教科書には紙の教科書と比べて良い点もあれば悪い点もあるようです。
> 両方の立場に触れながら，デジタル教科書についてあなたの意見を書きなさい。

例題の意見文の例

　近年，小学校などでデジタル教科書の導入が進んでいる。私は紙の教科書よりデジタル教科書のほうがいいと考える。

　なぜなら，動画や音声により学習効果を高められるからだ。文字や写真だけでなく，たとえば動画や音声があることで，子どもたちの興味を引き出したり，理解を深めたりすることができる。語学の授業などでは音声を繰り返し聞くことができるので，授業以外の時間も効果的に学習できる。また，デジタル教科書なら文字や図を拡大することができるので，細かいところまでしっかり確認することができる。ペンやマーカーの色も自由に変えられるので，筆記用具を大量に用意する必要もない。

　たしかに，紙の教科書のほうが目にやさしくていいという意見もあるだろう。デジタル教科書の場合，子どもたちが授業と関係ない操作に夢中になることもあるかもしれない。しかし，実際に自分で操作できるということは，子どもたちの興味関心を引き出すのに有効で，学習意欲を高めるだろう。

　以上のことから，私は紙の教科書よりデジタル教科書のほうがいいと考える。（445字）

質問１　テーマはどこですか。＿＿＿＿＿＿＿を引いてください。

質問２　意見はどこですか。□￣￣￣￣￣で囲んでください。

質問３　意見を書くときに，どんな表現を使っていますか。

質問1・2

　近年，小学校などでデジタル教科書の導入が進んでいる。私は紙の教科書よりデジタル教科書のほうがいいと考える。

　なぜなら，動画や音声により学習効果を高められるからだ。文字や写真だけでなく，たとえば動画や音声があることで，子どもたちの興味を引き出したり，理解を深めたりすることができる。語学の授業などでは音声を繰り返し聞くことができるので，授業以外の時間も効果的に学習できる。また，デジタル教科書なら文字や図を拡大することができるので，細かいところまでしっかり確認することができる。ペンやマーカーの色も自由に変えられるので，筆記用具を大量に用意する必要もない。

　たしかに，紙の教科書のほうが目にやさしくていいという意見もあるだろう。デジタル教科書の場合，子どもたちが授業と関係ない操作に夢中になることもあるかもしれない。しかし，実際に自分で操作できるということは，子どもたちの興味関心を引き出すのに有効で，学習意欲を高めるだろう。

　以上のことから，私は紙の教科書よりデジタル教科書のほうがいいと考える。

質問3　〜と考える

◆意見を書くときのポイント

ポイント1：意見には，その問題やテーマに対する考えを書く。

ポイント2：個人の感想や気持ちは書かない。

　　　　　　○：デジタル教科書は勉強に役立つと考える。

　　　　　　×：デジタル教科書が好きだ。

◆Key points when writing opinions
Point 1: When writing opinions, write down your thoughts about the question or theme.
Point 2: Do not write about your personal impressions or feelings.

◆写意见时的要点
要点1：意见中要写自己对该问题和题目的想法。
要点2：不写个人的感想和心情。

◆Những điểm chính khi viết ý kiến
Điểm chính 1: Ở phần ý kiến, viết suy nghĩ về vấn đề hoặc chủ đề được nêu.
Điểm chính 2: Không viết về cảm tưởng hoặc cảm xúc cá nhân.

4

テーマ・意見の書き方

3．大切な表現

「意見」を述べるときによく使う表現があります。覚えて，正しく使えるようになりましょう。

①私は〜と思う／〜と考える

例）私は紙の教科書よりデジタル教科書のほうがいいと思う／考える。

☛書き手の主観的な判断や意見を表す。

Express the subjective judgement or opinions of the writer.　表达写的人主观的判断和意见。

Thể hiện nhận định chủ quan hoặc ý kiến của người viết.

②〜と思われる／〜と考えられる

例）文字や写真だけでなく，動画や音声があることで子どもたちの興味を引き出したり，理解を深めることができると思われる／考えられる。

☛論理的に導かれた意見を述べる。

Describe opinions guided by logic.　写出合乎逻辑的意见。　Nêu ý kiến được rút ra một cách hợp lý.

③〜べきだ／〜べきではない

例１）子どもの学習意欲を高めるツールを使うべきだと思う。

例２）長時間，電子機器を見るべきではないと考える。

☛「〜べきだ」は「〜するのが当然だ」「〜するのが正しい」「〜しなければならない」という強い意見を表す（例１）。「〜べきではない」は「〜するのはよくない」「〜してはいけない」という強い否定の意見を表す（例２）。

"〜べきだ" expresses strong opinions such as "It is natural to ~" "It is right to ~" "We must ~." (Example 1) "〜べきではない" expresses strong negative opinions such as "It is not good to ~" "We must not ~." (Example 2)

"〜べきだ" 表达的是 "〜是理所当然的" "〜是正确的" "必须〜" 这样强烈的意见（例 1）。"〜べきではない" 表达的是 "〜不好" "不应该〜" 这样强烈的否定意见（例 2）。

"〜べきだ" thể hiện ý kiến mạnh mẽ rằng "làm ~ là đương nhiên", "làm ~ là đúng đắn", "phải làm ~" (ví dụ 1). "〜べきではない" thể hiện ý kiến phủ định mạnh mẽ rằng "làm ~ là không tốt", "không được làm ~" (ví dụ 2).

④〜たほうがいい／〜ないほうがいい

例１）紙の教科書よりデジタル教科書を使ったほうがいいと思う。

例２）デジタル教科書は使わないほうがいいと考える。

☛自分の意見を提案する言い方。

Ways of proposing one's own opinions.

提出自己意见的说法。

Là cách nói để đề xuất ý kiến của bản thân.

4. 練習

（1）〜（3）の問題タイプを選び，「はじめ」の部分に書くテーマ，あなたの意見を書いてください。

（1）

> 近年，大学や日本語学校など，さまざまな場所でオンライン授業が行われるようになりました。
>
> 今後，オンライン授業はどうなるでしょうか。根拠とともにあなたの意見を述べなさい。

タイプ 　{長短タイプ 　・ 　予測タイプ}

テーマ _____

意見 _____

（2）

> 近年，学校教育を終え，社会人になってから大学に進学したり，オンラインの講座を受けたりして，再び教育を受ける「リカレント教育」が広がっています。
>
> 今後，学び直しをする社会人の数はどうなると思いますか。あなたの考えを書きなさい。

タイプ 　{長短タイプ 　・ 　予測タイプ}

テーマ _____

意見 _____

（3） ✎

> 世界には，特別な才能やずば抜けた能力を持つ子どもに対して行う教育，いわゆるギフテッド教育を行う国があります。このギフテッド教育についてどう思いますか。良い点と悪い点の両方に触れながらあなたの意見を述べなさい。

タイプ　{長短タイプ　・　予測タイプ}

テーマ　---

意見　---

知識をひろげよう　Let's Learn More

◆教育に関することば：アクティブラーニング，オンライン授業，教育格差，ギフテッド教育，リカレント教育，学び直し，デジタル教科書，独学

◆アクティブラーニング（能動的学習）

　これまでの日本の教育は，教師が一方的に知識を伝え，学習者は聞くだけという「受動的」な学び方が主流だった。しかし，それでは自ら考える力が育たないという課題から，学習者が問題やその解決策を考え，積極的に授業に参加するアクティブラーニングが広がった。これにより，教師が一方的に授業をし，学習者は聞くだけという「受動的」な学び方から，学習者が「能動的」に学習に取り組む教育へ少しずつ変化している。

◆Active learning

Until now, the mainstream education system in Japan has been characterized by a "passive" learning approach, with teachers unilaterally transmitting knowledge and learners simply listening. However, the problem with this approach is that it does not foster independent thinking skills. To address this problem, the active learning approach, in which learners actively participate in classes by thinking about problems and their solutions, has become widespread. As a result, there has been a gradual shift from the traditional "passive" learning, in which teachers conduct lessons in a one-sided style and learners mostly listen, to an education system in which learners are "actively" engaged in their studies.

◆主动学习

迄今为止的日本教育的主流是教师单方面地讲授知识，学习者只是"被动"来听这种学习方式。这样培养不出学习者自己的思考能力。从这一课题出发，让学习者思考存在的问题及其解决办法，积极参与教学的主动学习方式扩展开来。由此，教师单方向授课，学习者只是来听的"被动"的学习方式逐渐转变为学习者"主动"去参与的教育。

◆Học chủ động

Từ trước đến nay, giáo dục Nhật Bản vẫn bị chi phối bởi phương pháp học "thụ động", tức giáo viên đơn phương truyền đạt kiến thức còn người học chỉ lắng nghe. Tuy nhiên, do phát sinh vấn đề không phát triển khả năng tự suy nghĩ nên học chủ động, trong đó người học suy nghĩ về các vấn đề cùng giải pháp cho chúng và tích cực tham gia vào giờ học, đã trở nên phổ biến. Kết quả là, giáo dục đang dần thay đổi từ cách học "thụ động" trong đó giáo viên dạy đơn phương và người học chỉ lắng nghe sang cách giáo dục mà người học "chủ động" tham gia vào việc học tập.

メモとは頭の中のアイデアを整理するためのものです。メモを書くと，一貫性のある意見文が書けます。問題タイプがわかったら，解答用紙に書く前に，どんなことを書くかメモしましょう。

4回目例題のメモ例

長所	短所
☺動画，音声が使える 　→子どもの興味 　授業以外でも学習㊟ 　→学習効果⤴ ☺文字，図の拡大㊟ ☺ペン，マーカーがいらない	・㋲の操作に集中してしまう 　→クラス全体の活動　✕

㋲のほうがいい

実際の試験のときは，問題文ページの何も書いていないところに，このような簡単なメモを書きます。5分ぐらいでメモが書き終わるように，短くメモを書く方法を勉強しましょう。メモは自分がわかればいいので，きれいに書かなくてもいいです。母語で書いてもいいです。

①短い言葉で書く

例）デジタル教科書　→　㋲

　可能　→　㊟

②記号を使う

> メモが書けたら，その中から書くことを選んで，◯をつけましょう。

増える・上がる：⤴　　減る・下がる：⤵　　同じ：＝　　反対：↔

ある・いい：◯　　ない・悪い：✕

問題タイプごとのメモの書き方は，9〜11回で勉強します。

5 回目 理由の書き方

How to write the reasons
理由的写法
Cách viết lý do

□ 課題　■ 主張　■ 根拠　□ 構成　■ 表現

意見の次に「理由」を書きましょう。理由があると，「説得力」がうまれます。5回目は読み手を説得できる理由の書き方を練習しましょう。

目標
- □ □ 自分の意見を支える理由を考えることができる。
- □ □ 理由を書くときに必要な表現が使えるようになる。
- □ □ インターネット社会に関する知識を広げる。

Be able to think about reasons that support your opinions. / Be able to use the necessary expressions for writing reasons. / Expand your knowledge of the Internet society.
能够思考出支持自己意见的理由。／写理由时能够使用必要的表达。／增长有关网络社会的知识。
Nghĩ được lý do nâng đỡ cho ý kiến của bản thân. / Dùng được các mẫu diễn đạt cần thiết khi viết ra lý do. / Mở rộng kiến thức liên quan đến xã hội internet.

キーワード：理由　説得力

Reason　Persuasiveness　理由　说服力　lý do　khả năng thuyết phục

Ⅰ．理由とは

「理由」とは「意見」を支えるものです。「なぜ，そう考えたのか」を書きます。

> インターネットが普及し，自分の気持ちや考えをメールやSNSで伝える人が増えています。しかし，気持ちは直接会って伝えたほうがいいという人もいます。
> この意見についてあなたの考えを述べなさい。

意見　私は自分の気持ちや考えは直接会って伝えたほうがいいと考える。

理由　なぜなら，直接会うと話し方や態度などで自分の気持ちがよく伝わるからだ。

	長短タイプ	予測タイプ	対策タイプ
はじめ	テーマ・意見	テーマ・意見	テーマ
なか	理由－具体例 反対意見・反論	理由－具体例	原因－具体例 対策
おわり	結論	結論	結論

「理由」は長短タイプ，予測タイプの「なか」に書きます。

30

２．理由の書き方

例題） 次の問題文と意見文の例を読んで，質問に答えてください。

> インターネット上の掲示板やSNSへの投稿を，実名でしたほうがいいと考える人がいます。しかし，匿名のほうがいいと考える人もいます。
> 両方の立場に触れながら，実名がいいか，匿名がいいかあなたの考えを述べなさい。

例題の意見文の例

　スマホの普及とともに，SNSを利用する人は年々増え続けている。その一方で，インターネット上の掲示板やSNSへの投稿をめぐり問題も起きている。特に投稿を匿名でするか，実名でするかという問題にはさまざまな意見がある。私はインターネット上の掲示板やSNSへの投稿は匿名のほうがいいと考える。

　なぜなら，自分の考えや伝えたいことをより自由に発信できるからだ。たとえば，匿名なら家族や友人に気づかれることがないので，何でも言いたいことを気軽に発信できる。また，匿名なら誰が書いたかではなく書いた内容で評価される。内容がいいかどうか，正しいかどうかが公平に判断されるだろう。

　たしかに，実名で書かれた内容のほうが信頼できるという人もいるだろう。匿名を利用して誰かを傷つけるようなインターネット上でのいじめなども増えている。しかし，それよりも匿名でも実名でも相手を傷つけるような投稿はしないよう，一人ひとりが想像力を働かせてインターネットを使うべきだと思う。

　以上のことから，私は匿名のほうがいいと考える。　　　　　　　　（443字）

質問１　意見はどこですか。 ☐☐☐☐☐で囲んでください。

質問２　1の理由の部分に＿＿＿＿＿を引いてください。

質問３　理由を書くときに，どんな表現を使っていますか。

質問1・2

　スマホの普及とともに，SNSを利用する人は年々増え続けている。その一方で，インターネット上の掲示板やSNSへの投稿をめぐり問題も起きている。特に投稿を匿名にするか，実名にするかという問題にはさまざまな意見がある。私はインターネット上の掲示板やSNSへの投稿は匿名のほうがいいと考える。

　なぜなら，自分の考えや伝えたいことをより自由に発信できるからだ。たとえば，匿名なら家族や友人に気づかれることがないので，何でも言いたいことを気軽に発信できる。また，匿名なら誰が書いたかではなく書いた内容で評価される。内容がいいかどうか，正しいかどうかが公平に判断されるだろう。

　たしかに，実名で書かれた内容のほうが信頼できるという人もいるだろう。匿名を利用して誰かを傷つけるようなインターネット上のいじめなども増えている。しかし，それよりも匿名でも実名でも相手を傷つけるような投稿はしないよう，一人ひとりが想像力を働かせてインターネットを使うべきだと思う。

　以上のことから，私は匿名のほうがいいと考える。

質問3　　なぜなら～からだ

◆**理由を書くときのポイント**

ポイント1：理由は意見の後に続けて書く。

ポイント2：個人の感想（好き，嫌い，おもしろい，楽しい，面倒くさいなど）は理由として適切ではない。

　　　　　×　匿名のほうが好きだ。／実名は面倒くさい。／実名は好きではない。

◆Key points when writing reasons
Point 1: Write the reasons after the opinion.
Point 2: It is not appropriate to write personal impressions (for example, 好き，嫌い，おもしろい，楽しい，面倒くさい, etc.) as reasons.

◆写理由时的要点
要点1：理由写在意见之后。
要点2：不适合把个人的感想（好き、嫌い、おもしろい、楽しい、面倒くさい等）作为理由来陈述。

◆Những điểm chính khi viết lý do
Điểm chính 1: Viết lý do ngay sau ý kiến.
Điểm chính 2: Cảm tưởng cá nhân (好き，嫌い，おもしろい，楽しい，面倒くさい v.v.) không thích hợp làm lý do.

3．大切な表現

「理由」を述べるときによく使う表現があります。覚えて，正しく使えるようになりましょう。

【意見】私は，インターネット上の掲示板やSNSへの投稿は匿名のほうがいいと考える。

①なぜなら／なぜかというと〜からだ／からである

例）なぜなら，自分の考えや伝えたいことを自由に発信できるからだ。

②また〜

例）また，匿名なら誰が書いたかではなく書いた内容で評価される。

☞理由を二つ書きたいときの表現。

Expressions to use when you want to write two reasons.

想写两个理由时的表达。

Là mẫu diễn đạt khi muốn viết về 2 lý do.

4．練習

（1）〜（3）の問題文，テーマ，意見を読んで，理由を書いてください。

（1）

予測タイプ

> インターネットは世界中で広く使われ，私たちの生活は便利になりました。その一方でインターネット依存が問題となっています。
>
> 今後，インターネットに依存する人の数はどうなると思いますか。理由とともにあなたの意見を述べなさい。

テーマ：インターネットが普及し，生活は便利になったが，インターネット依存症が問題
　　　　となっている。

意見　：私は今後，インターネットに依存する人は増えると思う。

理由　_____

　　　_____

（2）

<ruby>長短<rt>ちょうたん</rt></ruby>タイプ

> 近年，アバター（<ruby>分身<rt>ぶんしん</rt></ruby>）を使用し，メタバースで<ruby>開催<rt>かいさい</rt></ruby>される会議やセミナー，イベントなどに参加する人が増えています。
>
> メタバースで人と交流することについて，良い点と悪い点の<ruby>両方<rt>りょうほう</rt></ruby>に<ruby>触<rt>ふ</rt></ruby>れながら，あなたの考えを述べなさい。

テーマ：<ruby>近年<rt>きんねん</rt></ruby>，メタバース<ruby>上<rt>じょう</rt></ruby>の<ruby>会議<rt>かいぎ</rt></ruby>やイベントに<ruby>参加<rt>さんか</rt></ruby>する<ruby>人<rt>ひと</rt></ruby>が<ruby>増<rt>ふ</rt></ruby>えている。

<ruby>意見<rt>いけん</rt></ruby>　：<ruby>私<rt>わたし</rt></ruby>はメタバースで<ruby>人<rt>ひと</rt></ruby>と<ruby>交流<rt>こうりゅう</rt></ruby>することはいいと<ruby>考<rt>かんが</rt></ruby>える。

<ruby>理由<rt>りゆう</rt></ruby>

（3）✎

<ruby>長短<rt>ちょうたん</rt></ruby>タイプ

> 小学校などの授業でパソコンやタブレットを用いたプログラミング教育を行う学校が増えています。
>
> 小学校でもプログラミング教育を行うことについて，良い点と悪い点の<ruby>両方<rt>りょうほう</rt></ruby>に<ruby>触<rt>ふ</rt></ruby>れながら，あなたの考えを述べなさい。

テーマ：<ruby>近年<rt>きんねん</rt></ruby>，<ruby>小学校<rt>しょうがっこう</rt></ruby>などでプログラミング<ruby>教育<rt>きょういく</rt></ruby>を<ruby>行<rt>おこな</rt></ruby>う<ruby>学校<rt>がっこう</rt></ruby>が<ruby>増<rt>ふ</rt></ruby>えている。

<ruby>意見<rt>いけん</rt></ruby>　：<ruby>私<rt>わたし</rt></ruby>は<ruby>小学校<rt>しょうがっこう</rt></ruby>でプログラミング<ruby>教育<rt>きょういく</rt></ruby>を<ruby>行<rt>おこな</rt></ruby>うべきだと<ruby>思<rt>おも</rt></ruby>う。

<ruby>理由<rt>りゆう</rt></ruby>

知識をひろげよう　Let's Learn More

◆インターネット社会に関することば：メタバース，アバター（分身），SNS，投
稿，実名／匿名，ネットいじめ，インターネット依存（症），個人情報，情報漏洩，
プログラミング教育

◆インターネット社会における課題

・オンライン授業は，場所を選ばずどこからでも授業に参加できるというメリット
がある一方で，学生の学力低下や学習意欲の低下が問題になっている。

・SNSやオンラインゲームに夢中になるうちに，ネットなしではいられない状態
になるインターネット依存症の中高生や大人が増加している。

◆Issues in the Internet society
· Online classes have the advantage of allowing students to participate in a class from any location they choose. However, online classes could also cause issues such as a decline in students' academic performance and their motivation to learn.
· With more people becoming engrossed in social media and online games, an increasing number of junior and senior high school students as well as adults are becoming addicted to the Internet and feeling as if they cannot do without it.

◆网络社会中的课题
· 网课一方面具有不用选择场所，无论在哪儿都可以听课的优点，另一方面也存在着造成学生学力低下和学习热情下降的问题。
· 痴迷于SNS和网上游戏，没有网络就无法生活，患有这种网络依赖症的初中生和高中生以及成年人正在不断增加。

◆Các vấn đề trong xã hội internet
· Trong khi các lớp học trực tuyến có ưu điểm là có thể tham gia lớp học từ bất cứ nơi nào, thì lại có vấn đề là sự suy giảm khả năng học tập và động lực học tập của học sinh.
· Số học sinh cấp II, cấp III và người lớn, trong lúc mải mê với mạng xã hội hay các trò chơi trực tuyến, mắc hội chứng nghiện internet khiến không thể sống thiếu nó đang gia tăng.

5

理由の書き方

6
回目

具体例の書き方

How to write specific examples
具体例子的写法
Cách viết ví dụ cụ thể

□ 課題　■ 主張　■ 根拠　□ 構成　■ 表現

理由の次には具体例を書くといいです。具体例があると「説得力」が増します。

目標
　　□ □ 自分の意見に合った具体例を考えることができる。
　　□ □ 具体例を書くときに必要な表現が使えるようになる。
　　□ □ 心理に関する知識を広げる。

Be able to think of specific examples that correspond to your opinions. / Be able to use the necessary expressions when writing about specific examples. / Expand your knowledge of psychology.
可以思考出与自己意见相符的具体例子。/在写具体例子时能够使用必要的表达。/增长有关心理方面的知识。
Nghĩ được ví dụ cụ thể phù hợp với ý kiến của bản thân. / Dùng được các mẫu diễn đạt cần thiết khi viết ra ví dụ cụ thể. /
Mở rộng kiến thức liên quan đến tâm lý.

キーワード：具体例　　説得力　　自分が経験したこと

Specific examples　Persuasiveness　Personal experiences
具体例子　说服力　自己经历过的事情
ví dụ cụ thể　khả năng thuyết phục　kinh nghiệm của bản thân

Ⅰ．具体例とは

「具体例」とは「意見」や「理由」をわかりやすく伝えるためのものです。

> 「人は見た目が大切だ」という意見についてあなたの考えを述べなさい。

意見　私は「人は見た目が大切だ」という意見に賛成だ。

理由　なぜなら，服装でどんな人か判断されることが多いからだ。

具体例　たとえば，就職面接には多くの人がスーツを着ていく。その中で，一人だけスーツ以外の服を着ていると，周囲に変わった人だという印象を持たれるだろう。

具体例には，以下のようなことを書きます。

①過去に起きたこと（ニュースなど）
　例）最近では，就職活動の際，履歴書に写真を貼らなくてもいいというルールに変更した企業もあるそうだ。

②社会で共有されていること（一般常識など）
　例）社員の採用では，見た目ではなく適性・能力に基づいて応募者を判断すべきだ。

③自分が経験したこと
　例）以前，先生から，髪の毛の色が明るいと，接客の仕事に就くのは難しいと言われた。

	長短タイプ	予測タイプ	対策タイプ
はじめ	テーマ・意見	テーマ・意見	テーマ
なか	理由－具体例 反対意見・反論	理由－具体例	原因－具体例 対策
おわり	結論	結論	結論

「具体例」は「なか」に書きます。

2．具体例の書き方

例題）　次の問題文と意見文の例を読んで，質問に答えてください。

> 他人と競争することをよくないと考える人がいます。一方で競争することが大切だと言う人もいます。
> 両方の立場に触れながら，他人と競争することについてあなたの意見を書きなさい。

例題の意見文の例

　他人と競争することをよくないと考える人がいる一方で，競争することが大切だと考える人もいる。私は他人と競うことはよくないと考える。

　なぜなら，競争社会で生きる人々が抱えるストレスはとても大きく，それにより心や体に悪影響を及ぼすからだ。たとえば，私の国では自殺する若者や心の病気になる人が年々増えており，特に受験によるストレスが大きな問題となっている。有名幼稚園や小学校に入るために多くの習い事をする人もおり，そういった努力は大学受験や就職試験まで続けなければならない。そのような競争社会の中で，私たちは子どもの頃からテストの点数や成績を常に誰かと比べたり競ったりしている。それは心にも体にも大きな負担がかかるのではないだろうか。

　たしかに，他人と競うことは大切だと言う人もいるかもしれない。誰かと競争することが刺激となり，負けたくないという気持ちからいい結果が得られることもあるだろう。しかし，いい結果が得られても心の健康を失ったら本末転倒だ。

　以上のことから，私は競争社会はよくないと考える。

(443字)

質問１　具体例はどこですか。＿＿＿＿＿を引いてください。
質問２　具体例を書くときに，どんな表現を使っていますか。

しつもん
質問1

　他人と競争することをよくないと考える人がいる一方で，競争することが大切だと考える人もいる。私は他人と競うことはよくないと考える。

　なぜなら，競争社会で生きる人々が抱えるストレスはとても大きく，それにより心や体に悪影響を及ぼすからだ。たとえば，私の国では自殺する若者や心の病気になる人が年々増えており，特に受験によるストレスが大きな問題となっている。有名幼稚園や小学校に入るために多くの習い事をする人もおり，そういった努力は大学受験や就職試験まで続けなければならない。そのような競争社会の中で，私たちは子どもの頃からテストの点数や成績を常に誰かと比べたり競ったりしている。それは心にも体にも大きな負担がかかるのではないだろうか。

　たしかに，他人と競うことは大切だと言う人もいるかもしれない。誰かと競争することが刺激となり，負けたくないという気持ちからいい結果が得られることもあるだろう。しかし，いい結果が得られても心の健康を失ったら本末転倒だ。

　以上のことから，私は競争社会はよくないと考える。

しつもん
質問2　たとえば～

ぐたいれい か
◆具体例を書くときのポイント

ポイント1：「過去に起きたこと」「社会で共有されていること」「自分が経験したこと」
　　　　　　について書く。

ポイント2：具体例は，意見，理由の後に続けて書く。

◆Key points when writing about specific examples
Point 1: Write about something that has occurred in the past, something that is shared across society, or a personal experience.
Point 2: Write a specific example after the opinion and reasons.

◆写具体例子时的要点
要点1：写有关"过去发生的事情""社会共有的事情""自己经历过的事请"。
要点2：具体例子写在意见、理由之后。

◆Những điểm chính khi viết ra ví dụ cụ thể
Điểm chính 1: Viết về "việc đã xảy ra trong quá khứ", "thứ đang được chia sẻ trong xã hội", "kinh nghiệm của bản thân".
Điểm chính 2: Ví dụ cụ thể được viết ngay sau ý kiến, lý do.

3．大切な表現

「具体例」を述べるときによく使う表現があります。覚えて，正しく使えるようになりましょう。

①たとえば～

例）たとえば，私の国では若者の自殺がここ10年で3％増えた。

☛前の文章で述べたことについて具体例を述べる。

Describe a specific example that is related to what you have described in the previous sentence.

就在前面文章所述的事情，举出具体的例子加以陈述。

Cho ví dụ cụ thể về điều đã nêu trong câu trước đó.

②実際に～

例）実際に，心の病に関する話題を耳にしたり，関連した書籍や専門の病院などを目にしたりする機会も増えた。

☛自分が経験したことや実際に起きたことなどを述べる。

Describe your personal experiences, something that has actually occurred, etc.

陈述自己经历过的、或实际发生过的事情等。

Nêu kinh nghiệm của bản thân hoặc điều đã xảy ra trong thực tế v.v.

③～によると～そうだ。

例）私の国で行われた10代を対象としたアンケートによると，半数以上の学生が勉強についてストレスを感じているそうだ。

☛新聞やテレビ，本などから得た情報を述べる。

Describe information obtained from newspapers, TV, or books.

陈述从报纸以及电视、书籍中获取的信息。

Nêu thông tin có được từ báo chí, truyền hình, sách vở v.v.

4. 練習

（1）～（3）の問題文とテーマ，意見，理由を読んで，具体例を書いてください。

（1）

長短タイプ

> 若いうちに大きな「失敗」の経験が必要だと考える人がいます。
>
> 失敗を経験することの良い点と悪い点の両方に触れながら，失敗を経験することについてあなたの意見を書きなさい。

テーマ：若いうちの失敗は必要な経験だと考える人がいる。

意見　：私は若いうちに大きな失敗を経験することは良いことだと考える。

理由　：なぜかというと，失敗から学ぶことがとても多いからだ。

具体例

（2）

予測タイプ

> 男女平等の時代と言われる一方で，日本ではまだ性差に対して無意識のバイアス（思い込み）を持っている人が多いようです。ある調査では「男性は仕事をして家計を支えるべきだ」という項目に約 50% の男女が「そう思う」と答えています。
>
> 今後，このような性別に関するバイアスはどうなるでしょうか。理由とともにあなたの意見を述べなさい。

テーマ：男女平等が進んでいるが，日本では無意識のバイアスを持っている人が多い。

意見　：私は性別に関するバイアスは今後，なくなっていくと考える。

理由　：なぜなら，近年，男女平等の考え方は広まっており，実際に制度を整えようという動きもあるからだ。

具体例

（3） ✎

予測タイプ

現代社会は孤立感やプレッシャーを感じ，心の病気になる人が多いと言われています。そのような心の不調を感じる人の数は今後どうなると思いますか。理由とともにあなたの意見を述べなさい。

テーマ：経済が発展し生活が豊かになる一方で，現代社会は心の病気になる人が増えていると言われている。

意見　：私は心の不調を感じる人は少しずつ減っていくと考える。

理由　：なぜなら，さまざまな問題の解決に向けて，現在，人も社会も動いているからだ。

具体例

知識をひろげよう　Let's Learn More

◆心理に関することば：バイアス，ステレオタイプ，思い込み，テクノストレス，心の病，うつ病，ネット／スマホ／アルコール依存（症），睡眠／摂食障害，欲求，孤立感

◆現代人の心の病

最近ではスマホやパソコン，テレビゲームなどが原因のストレスもある。スマホやパソコンなどを長時間使うことで疲れを感じたり，反対に，常に使用していないと落ち着かないという依存状態になったりする。

◆Mental illness among modern people
Recently, there is also a form of stress caused by factors such as smartphones, computers, and video games. Extended use of devices like smartphones and computers can lead to feelings of fatigue; conversely, some may become dependent or addicted, feeling unsettled if they are not constantly using such devices.

◆现代人的心理疾病
最近，也有因智能手机、电脑、电视游戏等造成的精神压力。长时间使用智能手机、电脑会感到疲劳，相反不经常使用则会陷于坐立不安的依赖状态。

◆Các bệnh về tâm thần của con người hiện đại
Gần đây, sự căng thẳng còn có thêm nguyên nhân là điện thoại thông minh, máy vi tính, trò chơi điện tử, v.v. Sử dụng điện thoại thông minh hoặc máy vi tính v.v. trong thời gian dài khiến bạn cảm thấy mệt mỏi, hoặc gây ra tình trạng nghiện, tức cảm thấy bồn chồn nếu không sử dụng thường xuyên.

6

具体例の書き方

7 回目 反対意見の書き方

How to write opposing opinions
反対意见的写法
Cách viết ý kiến đối lập

□ 課題 ■ 主張 ■ 根拠 □ 構成 ■ 表現

反対意見について述べることで，より説得力のある意見文を書くことができます。7回目では，反対意見を効果的に使う練習をしましょう。

目標
□ □ 反対意見の効果的な使い方を理解し，説得力のある意見文を書くことができる。

□ □ 反対意見やそれに反論するときに必要な表現が使えるようになる。

□ □ 少子高齢化に関する知識を広げる。

Understand how to use opposing opinions effectively, and be able to write a persuasive opinion statement. / Be able to use the necessary expressions when writing or countering an opposing opinion. / Expand your knowledge of declining birth rates and an ageing society.

了解有效运用反对意见的方法，能够写出具有说服力的议论文。／反对意见及反驳反对意见时，能够使用必要的表现。／增长有关少子高龄化方面的知识。

Hiểu được cách sử dụng hiệu quả ý kiến đối lập và viết được bài luận nêu ý kiến có khả năng thuyết phục. / Dùng được các mẫu diễn đạt cần thiết khi nêu ý kiến đối lập và khi phản biện nó. / Mở rộng kiến thức liên quan đến tỉ lệ sinh giảm và sự già hóa dân số.

キーワード：反対意見 反論 説得力 立場

Opposing opinions Counter-argument Persuasiveness Standpoint
反对意见 反驳 说服力 立场
ý kiến đối lập sự phản biện khả năng thuyết phục lập trường

Ⅰ. 反対意見

（1）反対意見・反論とは

反対意見：自分の立場と違う意見

反論：反対意見の問題点

反対意見を活用しやすいのは長短タイプの問題です。

	長短タイプ	予測タイプ	対策タイプ
はじめ	テーマ・意見	テーマ・意見	テーマ
なか	理由－具体例 反対意見・反論	理由－具体例	原因－具体例 対策
おわり	結論	結論	結論

この本では，長短タイプの問題で練習します。

42

（2）反対意見の書き方

なか	【自分の意見】の理由と具体例
	【反対意見】
	【反対意見】への反論

長短タイプでは，問題文に「両方の意見に触れながら」と書いていなくても，反対意見について書きましょう。説得力のある意見文になります。

2．反対意見を活用する方法

例題） 次の問題文と意見文の例を読んで，質問に答えてください。

> 　日本では最近，高齢ドライバーによる交通事故が増えていて，運転免許に定年制を導入したほうがいいという意見があります。しかし，運転免許に定年を設ける必要はないという人もいます。
>
> 　運転免許の定年制導入について，あなたの考えを述べなさい。

例題の意見文の例

　最近，日本では高齢者が関わる交通事故が多く，高齢者がいつまで自動車を運転できるかが問われている。私は運転免許の定年制はまだ導入しないほうがいいと思う。

　なぜなら，高齢者の交通手段が限られてしまうからだ。たとえば，都市部では電車やバスなどの交通が充実しているが，場所によっては公共の乗り物が少なく，自動車がないと買い物や病院へ行くことができないところもある。そのようなところに一人で住んでいる高齢者にとって自動車は重要な交通手段だ。運転免許の定年制が導入されてしまうと生活ができなくなる。

　たしかに，高齢者の運転免許に定年制を設ければ，交通事故の一部は防げるかもしれない。高齢になれば運動能力が低下したり認知症になる可能性が高くなったりして，安全運転が難しくなるからだ。しかし，運動能力や認知機能は一人ひとり違う。高齢者の中にも自動車の運転に問題のない人もいるため，定年を何歳にするかという問題もある。

　したがって，私は運転免許の定年制は，まだ導入すべきではないと思う。　　　（431字）

質問1 自分の意見はどこですか。□□□□で囲んでください。

質問2 反対意見が書いてあるところに＿＿＿＿を，反対意見への反論が書いてあるところに＿＿＿＿を引いてください。

質問3 反対意見や反論を書くときに，どんな表現を使っていますか。

質問 1・2

　最近，日本では高齢者が関わる交通事故が多く，高齢者がいつまで自動車を運転できるかが問われている。私は運転免許の定年制はまだ導入しないほうがいいと思う。

　なぜなら，高齢者の交通手段が限られてしまうからだ。たとえば，都市部では電車やバスなどの交通が充実しているが，場所によっては公共の乗り物が少なく，自動車がないと買い物や病院へ行くことができないところもある。そのようなところに一人で住んでいる高齢者にとって自動車は重要な交通手段だ。運転免許の定年制が導入されてしまうと生活ができなくなる。

　たしかに，高齢者の運転免許に定年制を設ければ，交通事故の一部は防げるかもしれない。高齢になれば運動能力が低下したり認知症になる可能性が高くなったりして，安全運転が難しくなるからだ。しかし，運動能力や認知機能は一人ひとり違う。高齢者の中にも自動車の運転に問題のない人もいるため，定年を何歳にするかという問題もある。

　したがって，私は運転免許の定年制は，まだ導入すべきではないと思う。

質問 3　たしかに～。しかし～。

この書き方を覚えておきましょう。
「たしかに，（反対意見）。
しかし，（反対意見への反論）。」

◆反対意見を書くときのポイント

ポイント 1：まず，反対意見と，その理由について書く。
ポイント 2：反対意見に反論する。
ポイント 3：反論には，反対意見の問題点などを書く。

◆Key points when writing an opposing opinion
Point 1: First, write the opposing opinion and the reasons.
Point 2: Counter the opposing opinion.
Point 3: Write about the problems with the opposing opinion, etc. in the counter-argument.

◆写反对意见时的要点
要点 1：先写出有关的反对意见及其理由。
要点 2：反驳反对意见。
要点 3：在反驳中，写进反对意见中的问题点等。

◆Những điểm chính khi viết ý kiến đối lập
Điểm chính 1: Trước tiên, viết ý kiến đối lập và lý do.
Điểm chính 2: Phản biện ý kiến đối lập.
Điểm chính 3: Trong phần phản biện, viết ra các vấn đề v.v. của ý kiến đối lập.

3. 大切な表現

「反対意見」や「反対意見への反論を述べる」ときによく使う表現があります。覚えて，正しく使えるようになりましょう。

> ①たしかに，高齢者の運転免許に定年制を設ければ，交通事故の一部は防げる②かもしれない。高齢になれば運動能力が低下したり認知症になる可能性が高くなったりするからだ。③しかし，運動能力や認知機能は一人ひとり違う。

①たしかに／もちろん～。

…たしかに／もちろん，＋（反対意見）。

👉反対意見について書き始める前に使う表現。自分の意見とは違うが，そのように思う人もいる／そう思う人も多いということを表す。

The expressions used before you start writing about an opposing opinion. While the opinion may be different from your opinion, show that there may be people who think that way / that many people think that way.

开始写关于反对意见之前所使用的表达。表示虽与自己的意见不同，但也有这样想的人。／这样想的人也很多。

Là mẫu diễn đạt dùng trước khi bắt đầu viết về ý kiến đối lập. Thể hiện rằng tuy khác với ý kiến của bản thân nhưng cũng có người nghĩ như vậy/cũng có nhiều người nghĩ như vậy.

②～かもしれない／だろう。

…たしかに／もちろん，＋（反対意見）かもしれない／だろう。

👉「たしかに／もちろん，」で始まる文の最後によく使う表現。

Expressions used frequently at the end of sentences that begin with "たしかに／もちろん，"

以 "たしかに／もちろん，" 开始的文章结尾经常使用的表达。

Là mẫu diễn đạt thường được dùng ở cuối câu bắt đầu bằng "たしかに／もちろん，".

③しかし～。

…たしかに／もちろん，～。しかし，＋（反対意見への反論）。

👉自分と反対の意見に反論するときによく使う表現。

Expressions used frequently when countering an opinion that is the opposite to what you think.

反驳与自己相反的意见时常用的表达。

Là mẫu diễn đạt thường dùng khi phản biện ý kiến đối lập với của bản thân.

> 接続の表現を使うと，その後の文に何が書いてあるか，伝わりやすくなりますよ。

4. 練習

（1）〜（3）の問題文とＡさんの意見と理由を読んで，その後に続く反対意見と反対意見への反論を書いてください。

（1）

> 　高齢化が進んでいる日本では経済を支える働き手が不足しています。そのため，高齢者でも希望をすれば長く働き続けることができるようにしている企業もあります。しかし，このような制度に反対している人もいます。
>
> 　高齢者が長く働き続けることについて，あなたの考えを述べなさい。

〈Ａさんの意見と理由〉

意見：私は高齢者が長く働き続けることに賛成だ。

理由：なぜなら，働き手不足の日本では，高齢者も貴重な働き手だからだ。

〈Ａさんの反対意見と反対意見への反論〉

たしかに， _____

_____ 。しかし， _____

_____

（2）

> 　日本では少子高齢化が進み，一人暮らしの高齢者が増えています。そのような状況の中で，高齢者が自宅の部屋を貸し出し，その家に若者が高齢者と一緒に住む「異世代ホームシェア」が注目されています。
>
> 　このようなホームシェアの良い点と問題点を説明し，あなたの考えを述べなさい。

〈Ａさんの意見と理由〉

意見：私は「異世代ホームシェア」は高齢者と若者両方にとっていいと思う。

理由：なぜなら，若者にとっては家賃の負担が軽くなるからだ。
　　　また，高齢者にとっては近くに頼れる人がいて安心できる。

〈Ａさんの反対意見と反対意見への反論〉

_____

_____

_____

（3）✎

> 「介護が必要な高齢者は高齢者施設で介護をしたほうがいい」という意見があります。一方で，「住み慣れた自宅で介護をしたほうがいい」という意見もあります。
>
> 両方の意見に触れながら，あなたの考えを述べなさい。

〈Aさんの意見と理由〉

意見：私は専門の施設で専門のスタッフが介護をしたほうがいいと考える。

理由：なぜなら，自宅での介護は高齢者にとっても家族にとっても負担が大きいからだ。

〈Aさんの反対意見とそれに対する反論〉

知識をひろげよう　Let's Learn More

◆少子高齢化に関することば：高齢ドライバー，定年（制），働き手不足，介護，
高齢者施設，異世代ホームシェア，高齢化社会，高齢社会，超高齢社会，
シルバー人材，子育て支援，待機児童，男性の育休，ヤングケアラー

◆今後さらに注目されるシルバー人材

少子高齢化による労働人口の減少が深刻化している中，シルバー人材が注目されている。シルバー人材とは，仕事をすることができる高齢者のことだ。高齢者は社会参加の機会や収入を得ることができ，企業にとっても，経験豊富な人に働いてもらえることは多くの利点がある。

◆Growing Focus on Silver Human Resources in the Future
As the decline in the working-age population due to declining birthrates and an aging society becomes more severe, there is a growing focus on Silver Human Resources. Silver Human Resources refer to elderly persons who are able to work. Elderly people will have the opportunity to participate in society and earn income, and for companies, employing individuals with a wealth of experience brings numerous advantages.

◆今后更加受注目的老年人材
在由于少子老龄化而造成的劳动人口减少的现象日益严重的情况下，老年人材倍受瞩目。所谓老年人材，是指能够工作的老年人。老年人能得到参与社会的机会和收入，对于企业来说，能让经验丰富的人来工作，利点也很多。

◆Nhân Lực Bạc - những người sẽ được chú ý nhiều hơn trong tương lai
Nhân Lực Bạc đang được chú ý đến trong lúc nguồn lực lao động đang suy giảm trầm trọng do tỉ lệ sinh giảm và sự già hóa dân số. Nhân Lực Bạc là những người cao tuổi có khả năng làm việc. Việc người cao tuổi có được cơ hội tham gia vào xã hội và thêm thu nhập, đồng thời các doanh nghiệp cũng được những người giàu kinh nghiệm làm việc cho họ mang lại nhiều lợi ích.

対策タイプの書き方

How to write a "countermeasure type" opinion
对策类型的写法
Cách viết cho kiểu đề đối sách

□課題　■主張　□根拠　■構成　■表現

対策タイプは長短タイプ，予測タイプと意見文の構成が異なります。8回目では，対策タイプの書き方を練習しましょう。

目標　□ □ 対策タイプの意見文の書き方がわかる。

　　　　□ □ 対策タイプの意見文を書くときに必要な表現が使えるようになる。

　　　　□ □ 仕事に関する知識を広げる。

Understand how to write a "countermeasure type" opinion statement. / Be able to use the necessary expressions when writing a "countermeasure type" opinion statement. / Expand your knowledge of work.
了解对策类型议论文的写法。/写对策类型议论文时，能够使用必要的表达。/增长有关工作方面的知识。
Biết được cách viết bài luận nêu ý kiến cho kiểu đề đối sách. / Dùng được các mẫu diễn đạt cần thiết khi viết bài luận nêu ý kiến cho kiểu đề đối sách. / Mở rộng kiến thức liên quan đến công việc.

キーワード：原因　　対策　　結論　　意見をまとめる

Cause　Countermeasure　Conclusion　Summarize opinions
原因　对策　结论　归纳意见
nguyên nhân　đối sách　kết luận　tổng kết ý kiến

Ⅰ. 対策タイプの構成

	長短タイプ	予測タイプ	対策タイプ
はじめ	テーマ・意見	テーマ・意見	テーマ
なか	理由 – 具体例 反対意見・反論	理由 – 具体例	原因 – 具体例 対策
おわり	結論	結論	結論

「はじめ」…テーマ

　　対策タイプは，問題文に「問題点」が書いてあります。これが対策タイプのテーマです。

　　意見は「おわり」に書くので，「はじめ」には書きません。

「なか」…原因 – 具体例：問題が起こった原因とその具体例

　　　　　対策：原因を解決したり，改善したりする具体的な方法

「おわり」…結論

　　「なか」で書いたことから考えた自分の意見を，1〜2行ぐらいでまとめます。

2. 対策タイプの意見文の書き方

例題） 次の問題文と意見文の例を読んで，質問に答えてください。

> 世界には学校にも通わず，農園や工場などで長時間，大変な労働をしている子どもがいます。
>
> なぜ，このような児童労働が行われているのか，その原因について説明しなさい。また，この問題を解決するにはどうすればよいか，あなたの考えを述べなさい。

例題の意見文の例

　世界には学校で勉強することなく，労働をしている子どもがいる。

　その原因は，雇い主が安い労働力を求めていることだ。途上国は賃金が低く，十分な収入を得ることができないため，生活のために子どもを働かせる家庭が多い。しかし，子どもは大人よりもさらに安い賃金で働かされるため，長時間労働をさせられる。また，教育を受ける機会がないことも児童労働の原因だ。経済的な理由で学校へ行けない子どもは，知識や技術を身につけることができない。そのため大人になっても収入の少ない肉体労働をするしかなく，自分の子どもにも労働をさせることになってしまう。

　この問題を解決するには，児童労働が行われないように，国が厳しく管理する必要がある。賃金を安く抑えるために，子どもを働かせる雇い主を取り締まるべきだ。また，貧困家庭を支援する制度を作る必要もある。親の仕事だけで家族が生活することができるようになれば，子どもも学校へ行くことができるようになるだろう。

　よって，国が子どもを守り，貧困から抜け出せるきっかけを作ることが大切だと考える。

(449字)

質問1 原因が書いてあるところに〜〜〜〜〜，対策が書いてあるところに＿＿＿＿を引いてください。

質問2 結論はどこですか。 ☐☐☐☐☐ で囲んでください。

質問3 結論を書くときに，どんな表現を使っていますか。

質問の解答

質問1・2

はじめ

世界には学校で勉強することなく，労働をしている子どもがいる。

なか

その原因は，雇い主が安い労働力を求めていることだ。途上国は賃金が低く，十分な収入を得ることができないため，生活のために子どもを働かせる家庭が多い。

しかし，子どもは大人よりもさらに安い賃金で働かされるため，長時間労働をさせられる。また，教育を受ける機会がないことも児童労働の原因だ。経済的な理由で学校へ行けない子どもは，知識や技術を身につけることができない。そのため大人になっても収入の少ない肉体労働をするしかなく，自分の子どもにも労働をさせることになってしまう。

この問題を解決するには，児童労働が行われないように，国が厳しく管理する必要がある。賃金を安く抑えるために，子どもを働かせる雇い主を取り締まるべきだ。また，貧困家庭を支援する制度を作る必要もある。親の仕事だけで家族が生活することができるようになれば，子どもも学校へ行くことができるようになるだろう。

おわり

よって，国が子どもを守り，貧困から抜け出せるきっかけを作ることが大切だと考える。

質問3　よって〜と考える

◆対策タイプの意見文を書くときのポイント

ポイント1：対策タイプの意見文では，「なか」に対策を書く。

ポイント2：対策が考えやすい原因を書く。

ポイント3：「おわり」には，「なか」で書いた原因と対策から導かれる結論を書く。

◆Key points when writing a "countermeasure type" opinion statement
Point 1: In a "countermeasure type" opinion statement, write the countermeasure in the "なか."
Point 2: Write a cause that is easy to think of a countermeasure for.
Point 3: In the "おわり" write the conclusion that the cause and countermeasure written in the "なか" led you to.

◆写对策类型议论文时的要点
要点1：对策类型的议论文中，在"なか"中写上对策、解决方法及改善方法。
要点2：写对策与解决方法易于思考的原因。
要点3：在"おわり"中写从"なか"中提到的原因、对策及解决方法引出的"结论"。

◆Những điểm chính khi viết bài luận nêu ý kiến cho kiểu đề đối sách
Điểm chính 1: Trong bài luận nêu ý kiến cho kiểu đề đối sách, viết đối sách ở phần "なか".
Điểm chính 2: Viết nguyên nhân nào dễ nghĩ ra được đối sách.
Điểm chính 3: Ở phần "おわり", viết kết luận được rút ra từ nguyên nhân và đối sách đã nêu ở phần "なか".

50

3．大切な表現

原因，対策，結論を書くときによく使う表現があります。正しく使えるようになりましょう。

① （問題点の）原因（の一つ）は～（こと）だ

　　（問題点の）原因の一つに～（こと）がある／（こと）が考えられる

　　例）その原因は，雇い主が安い労働力を求めていることだ。

　　また～も（問題点の）原因だ

　　例）また，教育を受ける機会がないことも児童労働の原因だ。

　　←原因を述べるときの表現。原因を二つ述べるときは，「また」を使う。

Expressions used when describing a cause. When describing two causes, use "また."

陈述原因时的表达。阐述两个原因时，使用"また"。

Là mẫu diễn đạt dùng khi nêu nguyên nhân. Dùng "また" khi nêu 2 nguyên nhân.

② この問題を解決する（ため）には～必要がある／～（こと）が必要だ

　　例）この問題を解決するには，児童労働が行われないように，国が厳しく管理する必要がある。

　　←対策を述べるときの表現。

Expressions used when describing a countermeasure.　陈述对策时的表达。　Là mẫu diễn đạt khi nêu đối sách.

③ よって／このように／したがって／以上のことから

　　例）よって，国が子どもを守り，貧困から抜け出せるきっかけを作ることが大切だと考える。

　　←結論を述べるときの表現で，「なか」で説明したことを指す。「だから」という意味。
　　　文の終わりは，4回目で勉強した意見を述べるときの表現を使う。これらの表現を使うと，「国が子どもを守り，貧困から抜け出せるきっかけを作ることが大切だ」が，結論であることがわかりやすくなる。

Refer to what you have explained in the "なか" with the expressions used when describing a conclusion, meaning "だから." At the end of the sentence, use the expressions that are used when describing an opinion, which you learned in Lesson 4. If you use these expressions, it will be easy to understand that "国が子どもを守り，貧困から抜け出すきっかけを作ることが大切だ" is the conclusion.

陈述结论时的表达。所指是在"なか"中已经说明的事情，是"だから"的意思。在文章结尾，使用第4课学过的陈述意见时的表达。使用这些表达，就很容易理解"国が子どもを守り，貧困から抜け出すきっかけを作ることが大切だ"是结论了。

Là mẫu diễn đạt khi đưa ra kết luận, chỉ điều đã giải thích ở "なか". Nó mang nghĩa "だから". Ở cuối câu dùng mẫu diễn đạt khi nêu ý kiến đã học ở 4. Nếu dùng những mẫu diễn đạt này thì người đọc sẽ dễ nhận biết rằng "国が子どもを守り，貧困から抜け出すきっかけを作ることが大切だ" là kết luận.

4．練習

（1）〜（3）の問題文を読んで，原因と対策をもう一つずつ考え，結論も書いてください。

（1）

日本をはじめとする先進国では，外国人労働者の受け入れが増えています。しかし，就職してもその後すぐに辞める人が多いという問題があります。

この問題を解決するためにどうすればよいか，あなたの考えを述べなさい。

テーマ　：外国人労働者の離職率が高いことが問題になっている。

原因 A　：原因は，長時間労働や低賃金など，労働条件が悪いことだ。

原因 B　＿＿＿＿＿＿＿＿＿＿＿＿＿＿＿＿＿＿＿＿＿＿＿＿＿＿＿＿＿＿＿＿＿

対策 A′：この問題を解決するには，日本人と同じ労働条件にすることが必要だ。

対策 B′　＿＿＿＿＿＿＿＿＿＿＿＿＿＿＿＿＿＿＿＿＿＿＿＿＿＿＿＿＿＿＿＿＿

結論　　＿＿＿＿＿＿＿＿＿＿＿＿＿＿＿＿＿＿＿＿＿＿＿＿＿＿＿＿＿＿＿＿＿

（2）

現在日本では，男女を問わず育児休暇を取りやすくするための環境づくりが進められています。しかし，男性の育児休暇の取得率は，女性に比べ低いです。

この問題を解決するためにどうすればよいか，あなたの考えを述べなさい。

テーマ　：男性の育児休暇の取得率が低いことが問題になっている。

原因 A　：問題の原因の一つに，職場で育児休暇を取りにくい雰囲気があることが考えられる。

原因 B　＿＿＿＿＿＿＿＿＿＿＿＿＿＿＿＿＿＿＿＿＿＿＿＿＿＿＿＿＿＿＿＿＿

対策 A′：この問題を解決するためには，企業が社員に対して研修を行い，育児休暇の重
　　　　要性を共有する必要がある。

対策 B′　＿＿＿＿＿＿＿＿＿＿＿＿＿＿＿＿＿＿＿＿＿＿＿＿＿＿＿＿＿＿＿＿＿

結論　　＿＿＿＿＿＿＿＿＿＿＿＿＿＿＿＿＿＿＿＿＿＿＿＿＿＿＿＿＿＿＿＿＿

(3) ✎

> 現代社会では，契約社員やアルバイトなどの非正規雇用者が多くいます。その中には正社員と同じ時間働いているのに給料が少なく，貧しい生活をしている人もいて，正規雇用者になれないことが問題となっています。
> この問題を解決するためにどうすればよいか，あなたの考えを述べなさい。

テーマ：非正規雇用者が，正規雇用者になりたくてもなれないことが問題になっている。
原因A：原因は，非正規雇用者がキャリアアップできる機会が少ないことだ。
原因B _____
対策A′：この問題を解決するには，行政がもっと企業に働きかけて，キャリアアップの機会を作ることが必要だろう。
対策B′ _____
結論 _____

8

対策タイプの書き方

知識をひろげよう　Let's Learn More

◆仕事に関することば：非正規雇用，ワーキングプア，育児休暇，ジョブ型雇用，メンバーシップ型雇用，フレックス制，時短勤務，リモートワーク，副業，ＤＸ（デジタルトランスフォーメーション），離職率，外国人労働者，児童労働

◆ワークライフバランス（生活と仕事の調和）の実現

「仕事」と「仕事以外の生活（プライベート）」の両方が充実している生き方のこと。仕事がうまくいけば，生活も充実し，生活が充実すれば，仕事もうまくいく。そのため，ワークライフバランスの実現に取り組む企業も増えている。

◆Achieving work-life balance
"Work-Life Balance" refers to a way of life in which both "work" and "non-work life (private life)" are fulfilling. When work goes well, life becomes more fulfilling; when life is fulfilling, work tends to go well. This is why a growing number of companies are working toward achieving work-life balance.

◆实现生活与工作的平衡
"工作"和"工作以外的生活（私生活）"两方面都很充实的生活方式。工作顺利的话，生活也充实，生活过得充实的话，工作也顺利。因此，致力于实现工作生活平衡的企业也在增加。

◆Sự thực hiện việc cân bằng công việc và cuộc sống
Là lối sống thỏa mãn về cả "công việc" lẫn "cuộc sống ngoài công việc (riêng tư)". Nếu công việc thuận lợi thì cuộc sống sẽ viên mãn, và nếu cuộc sống viên mãn thì sẽ thành công trong công việc. Vì lẽ đó, ngày càng nhiều doanh nghiệp nỗ lực để thực hiện sự cân bằng công việc và cuộc sống.

自分の意見を書こう

Write your own opinions

写一下自己的意见

Viết ý kiến của bản thân

9 回目　自分の意見を書く（I）—長短タイプ—

Write your own opinions (I) – Advantages and Disadvantages type
写自己的意见（1）－优缺点类型
Viết ý kiến của bản thân 1 - Kiểu đề ưu, nhược điểm

9 ～ 11 回目では，タイプ別に意見文とメモの書き方を練習します。この回では，長短タイプの意見文とメモを書く練習をしましょう。また，制限時間内に書き終えるために，時間配分を意識して書く練習もしましょう。

目標　□ □ 長所と短所の両方に触れた意見文を書くことができる。
　　　　□ □ 時間配分を意識して書くことができる。
　　　　□ □ 医療に関する知識を広げる。

Be able to write an opinion statement that touches on both the advantages and the disadvantages. / Be able to write with an awareness of time allocation. / Expand your knowledge of medical care.
能够写出涉及优点和缺点两方面的议论文。／写时能够意识到时间的分配。／增长医疗方面的知识。
Viết được bài luận nêu ý kiến đề cập cả ưu điểm lẫn nhược điểm. / Nhận thức được sự phân bố thời gian khi viết. / Mở rộng kiến thức liên quan đến y tế.

キーワード：制限時間　　時間配分

Time limit　Time allocation　时间限制　时间分配　thời gian giới hạn　sự phân bố thời gian

Ⅰ. 長短タイプのメモの書き方

長所	短所
・長所 A	・短所 A
・長所 B	・短所 B
・長所 C	・短所 C
意見	

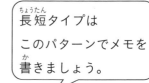

長短タイプは
このパターンでメモを
書きましょう。

① 長所と短所を二つか三つ程度書く。
② 長所と短所を見て，多く書けたほうを自分の立場にする。

※コラム「メモの書き方」（p.29）も見ましょう。

2．メモを活用して意見文を書く

次の問題文，メモの例，意見文の例を見ながら，ポイントを確認しましょう。

> 日本では救急車は無料で利用できますが，多くの国では有料です。救急車が有料であることは，良い点がある一方で，問題となる点もあるようです。
>
> 救急車が有料であることについて，良い点と問題点の両方に触れながら，あなたの考えを述べなさい。

メモの例

長所	短所
⊙㋕不足の解消 　病気やけがが軽い人 　→㋕を使わなくなる ⊙㋕の利用が㋳ 　→病院が患者を受け入れやすくなる	⊙お金がない人→㋕が呼べない ・㋕を呼ぶかどうか迷う 　→迷っている間に手遅れになることも
有料のほうがいい	

記述の解答に使うものに○をつけましょう。

記号の説明　㋕：救急車　　㋳：減る

多くの国では救急車が有料で，日本のように無料の国は珍しい。私の国でも救急車を呼ぶとお金がかかる。しかし，私は有料のほうがメリットが多いと考える。

なぜなら，有料のほうが本当に必要としている人だけが利用するからだ。有料なら，軽いけがや病気の人が救急車を呼ぶことが減り，救急車が足りないということが減るだろう。普段から，どんな症状のときに救急車を呼べばいいか調べておく人もいるかもしれない。また，救急車を呼ぶ人が減れば，患者を受け入れる病院も見つけやすくなるだろう。

たしかに，有料だとお金がない人が救急車を呼べないので，無料のほうがいいという意見もあるだろう。しかし，収入が少ない人に対しては救急車を呼ぶ料金を安くするなど，特別な対策を取ればいいと思う。そうすれば，収入が少ない人も安心して利用できる一方で，軽いけがや病気の人が救急車を利用する数も大きく減るのではないだろうか。

以上のことから，軽いけがや病気の人が救急車を呼ぶ回数を減らすためにも，救急車は有料のほうがいいと考える。

(438字)

◆長短タイプの意見文を書くときのポイント

ポイント1：メモを書いたら，問題文の指示に従っているかを確認する。

ポイント2：長所と短所がわかりやすく比べられるものを選んで書く。

ポイント3：解答用紙に書くときには，「おわり」にも「はじめ」と同じ意見を書く。

◆Key points when writing an "advantages and disadvantages" type opinion statement
Point 1: After you have written your notes, check if you have followed the instructions in the question.
Point 2: Choose to write about advantages and disadvantages that are easy to compare.
Point 3: When writing on manuscript paper, write the same opinions in the "おわり" as you did in the "はじめ."

◆写优缺点类型议论文时的要点
要点1：记好笔记后，确认一下是否遵循了问题文的指示。
要点2：选择能简单易懂地比较优点和缺点的表达来写。
要点3：写答题用纸时，在"おわり"中也要写上与"はじめ"相同的意见。

◆Những điểm chính khi viết bài luận nêu ý kiến cho kiểu đề ưu, nhược điểm
Điểm chính 1: Sau khi viết ghi chú thì kiểm tra lại xem có tuân theo yêu cầu của đề bài hay không.
Điểm chính 2: Chọn viết thứ có thể so sánh ưu điểm và nhược điểm một cách dễ hiểu.
Điểm chính 3: Khi viết vào giấy làm bài thì viết ý kiến giống với phần "はじめ" vào cả phần "おわり".

3．時間配分

記述問題の制限時間は 30 分です。時間内に書き終えるために，時間配分を決めておきましょう。

開始

5分 {

①問題文を読んで，課題に線を引く。

> 日本では救急車は無料で利用できますが，多くの国では有料です。救急車が有料であることは，良い点がある一方で，問題となる点もあるようです。
>
> 救急車が有料であることについて，良い点と問題点の両方に触れながら，あなたの考えを述べなさい。

課題

②問題タイプを考えて，メモを書く。

③メモの中から書くことを選ぶ。

書くことが課題に従っているか，その構成が問題タイプに合っているかを確認する。

④「はじめ」「なか」「おわり」にそれぞれのくらいの量を書くか考える。

（10 回目で詳しく勉強します）

20分 { ⑤意見文を書く。

5分 { ⑥全体を見直す。

終了

4. 練習

（1）～（3）の問題文を読んで，5分でメモを書いてください。

（1）

> 現在，患者が家にいながら医者に診察してもらえるオンライン診療が増えています。
>
> オンライン診療の良い点と問題点を説明し，あなたの考えを述べなさい。

長所	短所

（2）

> 近年，介護業界の人手不足が問題になっています。そのため，介護ロボットの導入が進められています。しかし，「介護ロボットを導入したほうがいい」という意見がある一方で，「介護ロボットは導入しないほうがいい」という意見もあります。
>
> 介護ロボットの良い点と問題点を説明し，あなたの考えを述べなさい。

長所	短所

（3）✏️

> 　現在，患者の「知る権利」を尊重して，医師が患者に病状や治療法を説明し，同意を得る「インフォームドコンセント」が一般的になっています。一方，患者の「知らないでいる権利」を尊重し，「知らないでいることを選べるようにすることも重要だ」と考える人もいます。
>
> 　インフォームドコンセントの良い点と問題点の両方に触れながら，インフォームドコンセントについて，あなたの考えを述べなさい。

長所	短所

9

自分の意見を書く（一）
—長短タイプ—

知識をひろげよう　Let's Learn More

◆医療に関することば：介護ロボット，オンライン診療，インフォームドコンセント，終末医療，在宅医療，老々介護

◆QOL（Quality of Life）（クオリティ・オブ・ライフ）の重視

　「QOL」とは，「生活の質」「人生の質」という意味で，特に医療や福祉の分野で使われる。患者の病気を治したり，寿命を長くしたりすることだけを考えるのではなく，患者の幸せを重視した医療やケアが行われるようになっている。副作用の強い治療を行わず，病気とうまく付き合っていくことなどもその一つだ。

◆Emphasis on Quality of Life (QOL)
"QOL" refers to "Quality of Life," and it is particularly used in the fields of medical care and welfare. Instead of thinking solely about treating a patient's illness or prolonging their lifespan, there is a growing shift toward providing medical treatment and care that emphasizes the patient's happiness. One example is living with the disease, without treatments that have strong side effects.

◆QOL（Quality of Life）的重视
所谓的「QOL」，意思是"生活质量""人生质量"，特别是在医疗和福祉领域中经常使用。医疗护理不仅考虑为患者治病，延长寿命，还要重视患者的幸福。不进行有强烈副作用的治疗，与疾病和平共处下去等就是其中之例。

◆Sự chú trọng QOL (Quality of Life)
"QOL" nghĩa là "chất lượng cuộc sống", "chất lượng đời người" và đặc biệt thường được dùng trong lĩnh vực y tế hay phúc lợi. Thay vì chỉ suy nghĩ về việc điều trị bệnh tật hoặc kéo dài tuổi thọ cho bệnh nhân, người ta đang chuyển hướng sang việc điều trị hoặc chăm sóc có chú trọng đến hạnh phúc của người bệnh. Một trong số đó là việc chung sống hòa bình với bệnh mà không cần sử dụng các phương pháp điều trị có tác dụng phụ mạnh.

10 回目　自分の意見を書く（2）─予測タイプ─

Write your own opinions (2) – Predictive type
写自己的意见（2）─预测类型
Viết ý kiến của bản thân 2 - Kiểu đề dự đoán

10 回目はある状況や問題が今後どうなるかを予測する，予測タイプの意見文とメモの書き方を練習します。そして，わかりやすく伝えるために構成を意識した書き方も練習しましょう。

目標
　　□ □ テーマについて，根拠とともに自分の予測を書くことができる。
　　□ □ 原稿用紙の配分を考えて書くことができる。
　　□ □ 国際化に関する知識を広げる。

Be able to write your own predictions about the theme based on evidence. / Be able to write with consideration for the space allocation in the manuscript paper. / Expand your knowledge of internationalization.
关于题目，能够在写出根据的同时，写出自己的推测。／写时能考虑到稿纸的分配。／增长有关国际化方面的知识。
Viết được dự đoán của bản thân cùng với căn cứ theo chủ đề. / Có thể viết trên cơ sở xem xét sự phân bố giấy viết chữ Nhật. / Mở rộng kiến thức liên quan đến sự quốc tế hóa.

キーワード：原稿用紙　　配分　　文字数

Manuscript paper　Allocation　Word count　稿纸　分配　字数　giấy viết chữ Nhật　sự phân bố　số lượng chữ

Ｉ．予測タイプのメモの書き方

上がる，増えるなど	下がる，減るなど
理由	理由
具体例	具体例
意見	

① 問題で聞かれていることについて，それが「上がるか，増えるか」，「下がるか，減るか」など，それぞれに考えられる理由を書く。
② 理由と具体例を多く書けた予測を一つ選ぶ。

２．メモを活用して意見文を書く

次の問題文，メモの例，意見文の例を見ながら，ポイントを確認しましょう。

グローバル化が進み，自国以外で語学の勉強をする人が増えています。

今後，留学をする人の数はどうなると思いますか。理由とともにあなたの意見を述べなさい。

メモの例

増える	減る
・グローバル化が進む 　→グローバル社会で活躍できる人材が必要 　→国や企業が留学を後押しする	☺インターネットの発展 　→オンライン授業の普及→自国で勉強 可 　→異文化体験も 可 　→世界中の人と話すことも 可 ☺事故，事件に巻き込まれることへの不安を感じる人もいる

留学する人の数は 減

記号の説明

減：減る　　　可：可能，できる

　グローバル化が進み，英語をはじめ，外国語を学ぶ人が増えている。それとともに留学をする人が増え，近年では留学は身近なものになっている。私の国でも留学をする人の数は増えている。しかし，私は今後，留学をする人の数は減少すると考える。

　なぜなら，インターネットを使った学習の方法が増えたからだ。たとえば，オンライン授業では，自分の国にいながら現地の先生に外国語を習うことができる。他にもその国を紹介する動画を見れば，現地の文化や人々の雰囲気を感じることができる。SNSなどを通して現地の友だちを作ることも可能だ。つまり，語学を学びたい，異文化に触れたいという願望は，現地に行かなくても満たすことができるようになったのだ。一方で，感染症やテロ，自然災害などのリスクを感じる人もいるだろう。外国で事故，事件に巻き込まれることを不安に感じる人もいるのではないか。

　以上のことから，私は今後は留学をする人の数は減少すると考える。　　　　　（404字）

◆予測タイプの意見文を書くときのポイント

ポイント１：メモを書いたら，問題文の指示に従っているかを確認する。

ポイント２：書いたメモの中から，説得力のあるものを選んで書く。

ポイント３：解答用紙に書くときには，「おわり」にも「はじめ」と同じ意見を書く。

◆Key points when writing a "predictive type" opinion statement
Point 1: After you have written your notes, check if you have followed the instructions in the question.
Point 2: From the notes you have written, choose to write about something that is persuasive.
Point 3: When writing on the answer sheet, write the same opinions in the "おわり" as you did in the "はじめ."

◆写预测类型的议论文时的要点
要点１：记笔记之后，确认一下是否遵循了问题文的指示。
要点２：从记好的笔记中，选择有说服力的内容来写。
要点３：在写解答用纸时，在"おわり"写上与"はじめ"相同的意见。

◆Những điểm chính khi viết bài luận nêu ý kiến cho kiểu đề dự đoán
Điểm chính 1: Sau khi viết ghi chú thì kiểm tra lại xem có tuân theo yêu cầu của đề bài hay không.
Điểm chính 2: Chọn từ ghi chú đã viết những ý có sức thuyết phục để viết vào bài làm.
Điểm chính 3: Khi viết vào giấy làm bài thì viết ý kiến giống với phần "はじめ" vào cả phần "おわり".

3. 解答用紙の配分

わかりやすい意見文にするために，解答用紙に書く前に準備をしましょう。

最終的に 400 〜 500 字になるように調整します。 ✕ 399 字　✕ 501 字

① 「はじめ」「なか」「おわり」に，それぞれどのくらいの量を書くか考える

② 解答用紙を三つに分けて印をつける

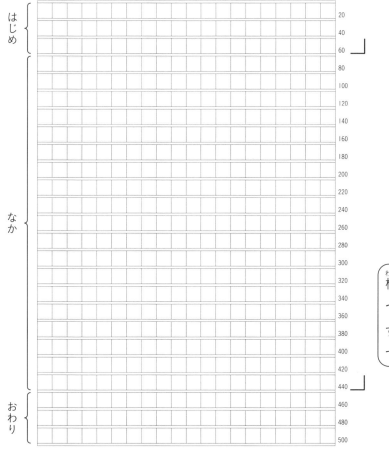

枠の外側に印をつけるといいですよ。印はあとで消しましょう。

配分がうまくいかないとき

・文字数が足りない場合

☛ 具体例をさらに詳しく書く（自分の体験などを書く）

例）高いお金を払わなくても自国にいながら，現地の先生に習ったり現地の雰囲気を感じることができるようになった。実際，私もアメリカに住んでいる先生から英語を学んでいる。

・文字数が多すぎる場合

☛ 文の説明を短くまとめる。名詞で言い換える

例）経済がまだ発展していない国→　開発途上国

10

— 予測タイプ —

自分の意見を書く（2）

4．練習

（1）〜（3）の問題文を読んで，5分でメモを書いてください。

（1）

近年，貿易やエネルギーなどの分野において各国の利害が対立する問題が起きています。

今後，世界の協力関係はどうなると思いますか。理由とともにあなたの意見を書きなさい。

強まる	弱まる

（2）

近年，グローバル企業の拡大，留学などを理由に日本に住む外国人が増えています。

今後，日本に住む外国人の数はどうなると思いますか。理由とともにあなたの意見を書きなさい。

増える	減る

（3） ✎

> グローバル社会になり，人や文化の交流が進むとともに国や地域ごとの特色がなくなり，伝統的な文化が消滅するのではないかと言われています。
>
> 今後，国や地域の伝統文化はどうなっていくと思いますか。理由とともにあなたの意見を書きなさい。

消滅する	消滅しない

知識をひろげよう　Let's Learn More

◆国際化に関することば：国際化社会，グローバル社会，先進国，開発途上国，多様性（ダイバーシティ），グローバリゼーション，多言語化，多文化共生，異文化理解

◆日本の「国際化」の課題

日本は，海外からの人材を求める一方，外国人労働者が日本語を学べる教室がないという問題が起きている。日本語教室がない地域は全国の市区町村の 46% にのぼり，地方の学びの場が整っていない。また，義務教育である小中学校でも，日本語教育を必要とする児童，生徒が増えており，教育環境の整備が急がれる。

◆Challenges of "internationalization" in Japan
While Japan seeks overseas talent, there is a lack of classes where foreign workers can learn the Japanese language. This is creating a problem. As much as 46% of municipalities nationwide face a lack of Japanese language classes, and places for learning have not been developed in rural areas. Additionally, even in elementary and junior high schools where education is compulsory, the number of students requiring Japanese language education is on the rise. This highlights the urgent need for improvements in the educational environment.

◆日本 "国际化" 的课题
日本一方面向海外寻求人材，另一方面又存在着外国人没有能够学习日语的教室的问题。没有日语教室的区域多达全国市区町村的 46%，地方上学习场所还很不完备。而且，在义务教育的中小学，需要接受日语教育的儿童、学生也在增加，教育环境的完备是当务之急。

◆Thách thức trong "sự quốc tế hóa" của Nhật Bản
Nước Nhật một mặt tìm kiếm nguồn nhân lực từ nước ngoài, mặt khác lại nảy sinh vấn đề là không có lớp học tiếng Nhật dành cho người lao động ngoại quốc. Số khu vực chưa có lớp học tiếng Nhật chiếm đến 46% tổng số thành phố, quận huyện, thị trấn, làng mạc trên toàn quốc, cơ sở học tập tại địa phương chưa hoàn thiện. Ngoài ra, ở bậc giáo dục bắt buộc là tiểu học và trung học cơ sở, số lượng trẻ em, học sinh cần được giáo dục tiếng Nhật cũng đang tăng, khiến việc cải thiện môi trường giáo dục trở nên cấp thiết.

11 回目 自分の意見を書く（3）－対策タイプ－

Write your own opinions (3) – Countermeasure type
写自己的意见（3）－对策类型
Viết ý kiến của bản thân 3 - Kiểu đề đối sách

ここまでさまざまな意見文を書く練習をしてきました。しかし，せっかくいい意見文を書いても，文字や表現の使い方などが間違っていたら読み手には伝わりません。11 回目では，対策タイプの意見文とメモを書く練習をします。書いた文を見直す練習もしましょう。

目標
- □ □ テーマについて，説得力のある対策を書くことができる。
- □ □ 見直しができるようになる。
- □ □ 経済に関する知識を広げる。

Be able to write persuasive countermeasure related to the theme. / Be able to revise the written statement. / Expand your knowledge of economics.
关于题目，能够写出具有说服力的对策。／能够加以重新审视。／增长有关经济方面的知识。
Viết được đối sách có sức thuyết phục theo chủ đề. / Luyện được thói quen đọc lại. / Mở rộng kiến thức liên quan đến kinh tế.

キーワード：見直し　確認

Revise　Check　重新审视　确认　sự đọc/xem lại　sự kiểm tra

I. 対策タイプのメモの書き方

原因	対策
・原因 A	・対策 A′
・原因 B	・対策 B′
・原因 C	・対策 C′
意見	

対策タイプの「なか」の部分はこのようにメモを書きましょう。

① 問題点の原因を二つか三つ書く。
② 原因 A，原因 B，原因 C に対応する対策 A′，対策 B′，対策 C′ を考える。
　　×対策が考えられないものは解答用紙に書かない。
③ ①②から自分の意見をまとめる。

2．メモを活用して意見文を書く

次の問題文，メモの例，意見文の例を見ながら，ポイントを確認しましょう。

現在，日本の食料自給率は先進国の中で最低水準となっています。

なぜ，日本の食料自給率が低いのか，その原因について説明しなさい。そして，今後，食料自給率を上げるにはどうすればよいか，あなたの考えを述べなさい。

メモの例

原因	対策
☺農業人口が⑲	
☺天候の影響→収入〰	☺農作物を屋内で育てる技術
→後継者不足	→安定した収入
☺農業のイメージ→休み㊵，大変	☺機械，AIを使う→負担が⑲
	→農業人口が㊕
・輸入品のほうが安い	✕
・食生活の変化	✕

技術開発　→　農業人口が㊕　→　食料自給率は↗

記号の説明	⑲：減る	〰：不安定	㊵：少ない
	㊕：増える	↗：上がる	

日本の食料自給率は先進国の中でも低く，長年にわたり食料自給率が上がらないことが問題となっている。

食料自給率が低い原因は，農業人口の減少だと思われる。近年，日本の農家では後継者が不足しているそうだ。農業は天候の影響を受けやすく収入が不安定なので，安定した仕事に就いたほうがいいと考えるのかもしれない。また，農業は休みが少なく手間がかかるというイメージがあることも，農業人口の減少の原因として考えられる。

この問題を解決するためには，農業のやり方を改善して，若い世代が農業に就きやすい環境を作る必要がある。最近では，農作物を屋内で育てる技術も開発されている。屋内なら，天候の影響を受けにくく，温度や光も管理できる。そのため，安定した収入を得ることができる。また，機械の開発やAIの導入などが進めば，今までよりも手間や負担を減らすことができると思われる。

技術開発によりさまざまな方法で農業ができるようになれば，若い世代の農業人口も増え，日本で生産できる食料も増えると考える。 (433字)

◆対策タイプの意見文を書くときのポイント

ポイント1：メモを書いたら，問題文の指示に従っているかを確認する。

ポイント2：対策を考えることのできた原因だけを書く。
（一つの原因に対して，複数の対策があってもいい。）

◆Key points when writing a "countermeasure type" opinion statement
Point 1: After you have written your notes, check if you have followed the instructions in the question.
Point 2: Write only about the causes that you have come up with countermeasures for. (You can have multiple countermeasures for one cause.)

◆写对策类型的议论文时的要点
要点1：记好笔记后，确认一下是否遵循了问题文的指示。
要点2：只写可以成为思考对策的原因（对于一个原因，也可以有多个对策。）

◆Những điểm chính khi viết bài luận nêu ý kiến cho kiểu đề đối sách
Điểm chính 1: Sau khi viết ghi chú thì kiểm tra lại xem có tuân theo yêu cầu của đề bài hay không.
Điểm chính 2: Chỉ viết nguyên nhân có thể nghĩ ra được đối sách. (1 nguyên nhân có thể có nhiều đối sách.)

3．見直し

試験では，間違いがないか確認をすることも大切です。意見文を全部書いた後は，必ず見直しをしましょう。

（1）意見文を全部書いた後の見直し

・文字数が 400 〜 500 字になっているか。

・漢字やひらがな，カタカナが正しいか。

福業（✕）　→　副業（〇）

イーメジ（✕）　→　イメージ（〇）

・原稿用紙の使い方（p.11 参照）

①記号，小さい「ゃ」「ゅ」「ょ」「っ」が 1 マスに書いてあるか。

問	題	と	な	っ	て	い	る

②アルファベットの大文字は 1 マスに 1 字，小文字は 1 マスに 2 字書いてあるか。

Ｉ	Ｔ	の	活	用

A	ca	de	my

③段落の最初が 1 マス空いているか。

	こ	の	よ	う	に	、

④行の 1 マス目に句読点やかっこを書いていないか。

✕	、	日	本	で	生	産	で	き	る	食	料	も

〇	若	い	世	代	の	農	業	人	口	も	増	え、

（2）最後の確認

・消しゴムで消した後は，消しすぎたところがないかを確認する。

例）

働	き	ナ	が

→

働	き	方	が

・マスが空いたり足りなくなったりしたときは，言葉を変えたり漢字をひらがなにしたりする。

例）

働	き	方		が

→

働	き	か	た	が

> 気づかないうちにしていることがあります。気をつけて見てみましょう。

4. 練習

（1）～（3）の問題文を読んで，5分でメモを書いてください。

（1）

> 日本では現在，地方の過疎化が進んでいます。過疎化が進む地域では産業が衰え，税収も減っています。
>
> この問題を解決するにはどうすればよいと思いますか。あなたの考えを書いてください。

原因	対策

（2）

> 最近，シェアサイクルや民泊などのようなシェアリングエコノミーが人々の間に広がり，さまざまなサービスが登場してきました。しかし，貸し借りや代金の支払いをめぐるトラブルもあります。
>
> シェアリングエコノミーの問題点について知っている例をあげてください。そして，その問題を解決するにはどうすればよいか，あなたの考えを述べてください。

原因	対策

（3）✎

> 日本では今後，消費税がさらに引き上げられるかもしれません。しかし，消費税を引き上げると景気が悪化する可能性が高くなります。
>
> なぜ消費税の引き上げが景気の悪化につながるのか説明してください。そして，この問題を解決するにはどうすればよいか，あなたの考えを書いてください。

原因	対策

知識をひろげよう　Let's Learn More

◆経済に関することば：GDP，予算，第1〜3次産業，第4次産業革命，TPP，仮想通貨，投資，資産形成，食料自給率，過疎化，税収，消費税，軽減税率，シェアリングエコノミー

◆観光産業と日本の経済

　観光は日本の重要な産業の一つである。ホテルや旅館，土産物店や飲食店，交通などが一体となって観光産業を支えている。近年，海外からも多くの観光客が日本を訪れている。しかし，人々の自由な行き来ができなくなったり景気が悪化したりすると，観光産業は落ち込み，その影響は日本経済にも及ぶ。

◆The tourism industry and the Japanese economy
Tourism is one of Japan's important industries. Hotels and inns, souvenir shops, restaurants, and transportation, among others, collectively support the tourism industry. In recent years, many tourists from overseas have been visiting Japan. However, if people become unable to travel freely or if the economy worsens, the tourism industry will decline, and this will in turn have an impact on the Japanese economy.

◆旅游产业与日本的经济
旅游是日本的重要产业之一。饭店、旅馆、礼品店、饮食店、交通等构成一体支撑着旅游产业。近年来、海外也有很多游客造访日本。但是，如果人们不能自由往来、景气恶化的话，旅游产业就会衰退，其影响也会波及到日本的经济。

◆Công nghiệp du lịch và kinh tế Nhật Bản
Du lịch là một trong những ngành công nghiệp quan trọng của Nhật Bản. Các khách sạn, lữ quán, cửa hàng lưu niệm, cửa tiệm ẩm thực, giao thông v.v. đang cùng nhau hỗ trợ ngành du lịch. Trong những năm gần đây, nhiều du khách nước ngoài cũng đến thăm Nhật Bản. Tuy nhiên, nếu việc di chuyển tự do của người dân trở nên bất khả thi hoặc tình hình kinh tế trở nên xấu đi thì ngành du lịch sẽ suy giảm và tác động lên cả nền kinh tế Nhật Bản.

11

自分の意見を書く（3）

—対策タイプ—

73

模擬試験
もぎしけん

Mock Test

模拟题

Bài thi thử

12 回目 模擬試験

Mock Test
模拟题
Bài thi thử

12 回目では，これまで学習したことを活用して模擬試験にチャレンジしましょう。始める前に注意事項をよく読んで，実際の試験と同じように 30 分以内で意見文を書いてください。

目標
- □ □ 課題，主張，根拠，構成，表現を意識して書くことができる。
- □ □ 30 分以内で 400 〜 500 字程度の文章を書くことができる。
- □ □ 共生社会に関する知識を広げる。

Be able to write with an awareness of the task, claims, grounds or basis, structure, and expressions. / Be able to write text of about 400 – 500 characters within 30 minutes. / Expand your knowledge of inclusive societies.
写时能够考虑到课题、主张、根据、构成、表达。／能够在 30 分钟内写出 400 〜 500 字左右的文章。／增长有关共生社会方面的知识。
Có thể viết trên cơ sở nhận thức về yêu cầu đề, chủ kiến, căn cứ, cấu trúc, mẫu diễn đạt. / Viết được bài luận dài khoảng 400 - 500 chữ trong 30 phút. / Mở rộng kiến thức liên quan đến xã hội cộng sinh.

キーワード：模擬試験　説明　問題冊子　解答用紙

Mock test　Explanation　Question booklet　Answer sheet
模拟题　说明　问题册子　解答用纸
bài thi thử　sự giải thích　tập đề　giấy làm bài

Ⅰ．試験を受けるときの注意事項

①説明ページ

日本語問題冊子の表紙をめくると，「記述問題　説明」のページがあります。

説明に書いてある注意事項は必ず守りましょう。

〈説明〉
- ・二つのテーマのうち，一つを選ぶ。
- ・解答用紙のテーマの番号に〇をつける。
- ・横書きで書く。
- ・解答用紙の裏には何も書かない（書いてはいけない）。

解答用紙の裏には，メモも書かないでください。

②問題文ページ

「記述問題　説明」の次に「記述問題」のページがあります。

〈問題のやりかた〉

1か2のどちらか一つを選んで400〜500字程度で意見文を書きましょう（句読点を含む）。

ここには何も書いてありません。メモは，ここに書きましょう。

③テーマ

どちらのテーマを選ぶか迷ったときは，次の三つにあてはまるものを選びましょう。

・問題文がわかりやすい。

・自分の意見がすぐに決められる。

・自分の意見の理由や具体例がすぐに考えられる。

④メモ

メモは問題文の下の空いているところに書きます。テーマを選んだら，問題タイプに合わせてメモを書き始めましょう。

⑤解答用紙

テーマの番号	①	2

解答を書き始める前に，1か2のどちらかに必ず〇をつけてください。

2. 模擬試験

(1) 長短タイプ

　以下の二つのテーマのうち，どちらか一つを選んで 400 ～ 500 字程度で書いてください（句読点を含む）。

1.

　オリンピックとパラリンピックは日程をずらさないで，同時に開催したほうがいいと考える人がいます。一方で，別々の日程で開催したほうがいいと考える人もいます。

　両方の立場に触れながら，あなたの考えを述べなさい。

2.

　生まれ育った国を離れて違う国に移住する人々が，自分と同じ国の人が多く住む地域を選んで暮らすことがあります。しかし，そのような選択はメリットがある一方でデメリットもあるようです。

　メリットとデメリットの両方に触れながら，あなたの考えを述べなさい。

（2）予測タイプ

以下の二つのテーマのうち，どちらか一つを選んで 400 〜 500 字程度で書いてください（句読点を含む）。

１．

男女の格差を計るジェンダーギャップ指数という指標があります。先進国の中で日本の順位は最も低く，現在も男女格差は縮まっていません。

今後，この状況はどうなっていくと思いますか。あなたの考えを述べなさい。

２．

現在，日本の社会ではバリアフリー化が進んでいます。しかし，まだ，改善しなければならないこともあります。

今後，日本のバリアフリー化は進んでいくと思いますか。あなたの考えを述べなさい。

（3）対策タイプ

　以下の二つのテーマのうち，どちらか一つを選んで 400 ～ 500 字程度で書いてください
（句読点を含む）。

１.

　近年，山や森などで生活する野生動物が人間の住む町まで下りてきて，住宅街に出没したり農地を荒らしたりする問題が増えています。
　野生動物と人間が共存するためにはどうすればよいか，あなたの考えを述べなさい。

２.

　近年，日本では，誰にとっても生活しやすい社会を目指す動きが進んでいます。しかし，厚生労働省の調査によると，いつでも一人で外出できると回答した障がい者は４割程度だったそうです。
　誰もが安心して外出できるような社会にするにはどうすればよいと思いますか。あなたの考えを述べなさい。

知識をひろげよう　Let's Learn More

◆共生社会に関することば：LGBTＱ（レズビアン，ゲイ，バイセクシュアル，トランスジェンダー，クエスチョニング／クイア），ジェンダー，同性婚，障がい者，合理的配慮，ユニバーサルデザイン，バリアフリー，ヘルプマーク，やさしい日本語，ダイバーシティ，平等，格差

◆ダイバーシティ

ダイバーシティとは，さまざまな違いを問わず多様な人材を認め活用することである。これは，差別のない社会を実現するために広がっている。国籍，人種，性別，年齢，障がいの有無などの他，宗教や価値観など，個人の考え方についても違いを理解し尊重する考え方だ。このような視点は今後もさまざまな分野で求められていくだろう。

◆Diversity

Diversity is the recognition and utilization of diverse human resources, regardless of various differences. This concept is become more widespread in our aim to realize societies that are free from gender. It is a concept that understands and respects differences not only in aspects such as nationality, race, discrimination, age, and disabilities, but also in personal beliefs such as religion and values. It is likely that this perspective will continue to be sought after in various fields even in the future.

◆多样性

所谓多样性，就是不论各种各样的差别，认可并利用多样化的人材。这是为了实现没有差别的社会而展开的。这种思考方法认为除了国籍、人种、性别、年龄、有无残疾等之外，对于宗教和价值观等个人的想法也要理解和尊重。今后恐怕在各个领域都会要求有这样的视点。

◆Tính đa dạng

Tính đa dạng có nghĩa là thừa nhận và sử dụng nguồn nhân lực đa dạng bất kể sự khác biệt của họ. Điều này đang lan rộng để hiện thực hóa một xã hội không có sự phân biệt đối xử. Đây là cách suy nghĩ hiểu và tôn trọng những khác biệt về quốc tịch, chủng tộc, giới tính, tuổi tác, có hoặc không có khuyết tật v.v., cũng như những quan điểm cá nhân như tôn giáo, giá trị quan v.v. Loại quan điểm này có lẽ trong tương lai cũng sẽ được đòi hỏi trong nhiều lĩnh vực khác nhau.

コラム　記述問題に強くなるには

　日本留学試験の記述では，社会の現象や身近なニュースをテーマにした問題がよく出ます。日ごろから社会の動きに目を向け，自分の考えを持つようにしておきましょう。

　日々の生活の中にも，記述問題の種があります。たとえば，駅や公共の乗り物の掲示物，人々の会話，ネットニュースの見出し，マンガやアニメなどにも記述問題のテーマが隠れています。日常生活で見聞きしたことから記述問題の種を探すことも勉強方法の一つです。そして，見つけた種について，「私は～と思う」と自分の考えを持つようにすることも大切です。

各回のイラスト

1回目　侍

2回目　棒手振り

3回目　徳川家康

4回目　俳句

5回目　町火消し

6回目　そば

7回目　歌舞伎

8回目　落語

9回目　寺子屋

10回目　新聞

11回目　鉄道開業

12回目　ガス灯

著者
アークアカデミー

執筆者
熊野由佳里　大江涼子　藤谷沙稚子

執筆協力者
遠藤由美子　古川由美子　樋口絹子　澤野亜紀　高田ひろみ　片岡昇

翻訳
英語　株式会社アーバン・コネクションズ
中国語　徐前
ベトナム語　Lê Trần Thư Trúc

イラスト
広野りお

装丁・本文デザイン
梅津由子

日本留学試験 記述 ポイント＆プラクティス

2024 年 1 月 16 日　初版第 1 刷発行

著　者　アークアカデミー
発行者　藤嵜政子
発　行　株式会社スリーエーネットワーク
　　　　〒102-0083　東京都千代田区麹町 3 丁目 4 番
　　　　　　　　　　トラスティ麹町ビル 2 Ｆ
　　　　電話　営業　03（5275）2722
　　　　　　　　編集　03（5275）2725
　　　　https://www.3anet.co.jp/
印　刷　萩原印刷株式会社

ISBN978-4-88319-937-2　C0081

日本留学試験対策問題集

EJU
日本留学試験
記述

ポイント
&
プラクティス

べっさつ
別冊

かいとう　かいせつ
解答・解説

Answers and explanations
答案・解析
Đáp án và giải thích đáp án

アークアカデミー　著

スリーエーネットワーク

練習（1）

解答　テーマ：ドローン（小型無人機）の実用化が進むこと

　　　　タイプ：長短タイプ

　　　　課題：・ドローンの実用化が進むことの良い点

　　　　　　　・ドローンの実用化が進むことの問題点

　　　　　　　・ドローンの実用化が進むことについての自分の考え

解説　「ドローン」ではなく，「ドローンの実用化が進むこと」の良い点・問題点，自分
の考えを書く。

Instead of writing about "drones," write about the positive points and problems, as well as your own thoughts, in regard to "advancements in the practical application of drones."

不是写"无人机"，而是写"无人机实用化进展"的利弊和自己的想法。

Không phải viết về "drone" mà viết về suy nghĩ của bản thân, điểm tốt và vấn đề của "sự phát triển việc sử dụng drone trong thực tế".

練習（2）

解答　テーマ：「メタバース」を活用すること

　　　　タイプ：予測タイプ

　　　　課題：・「メタバース」が今後，広まるかどうかについての予測

　　　　　　　・自分の予測についての具体例

解説　・具体例は，問題文の前半に書いてあるビジネス，教育，買い物，ゲームなどか
ら考えるといい。

　　　　・問題文の中の「〜可能性がある」は，「〜かもしれない」という意味。

・It is a good idea to consider specific examples based on the businesses, education, shopping, games, etc. that were written about in the first half of the question.
・The "〜可能性がある" in the question means "probably."

・具体的例子可以从问题文前半部分写的商务、教育、购物、游戏等来思考。
・问题句中的"〜可能性がある"是"也许"的意思。

・Nên suy nghĩ ví dụ cụ thể từ những lĩnh vực được ghi trong nửa đầu của đề bài như kinh doanh, giáo dục, mua sắm, trò chơi v.v.
・"〜可能性がある"trong đề bài nghĩa là "có lẽ ~".

練習（3）

解答
テーマ：キャッシュレス決済が広まらないという問題

タイプ：対策タイプ

課題：キャッシュレス決済が広まらないという問題についての対策

解説　問題文の前半には，テーマについての説明と状況が書いてある。「なかなか広まらない」と書かれているので，そこから具体例を考える。

The first half of the question contains explanations or situations related to the theme. As "なかなか広まらない" is written, think of a specific example based on this.

问题文的前半部分，写有关于题目说明和状况。因为写有"なかなか広まらない"，所以从这方面来想一下具体例子。

Nửa đầu của đề bài ghi phần giải thích và thực trạng liên quan đến chủ đề. Vì có ghi là "なかなか広まらない" nên sẽ nghĩ ví dụ cụ thể theo hướng đó.

例題の意見文の例（本冊と違う意見）

　AI（人工知能）は人々の生活をより良くするために発達してきた。しかし，私はAIを使うことについて，もう少しよく考えたほうがいいと思う。

　なぜなら，AIを使う前に，私たちは解決しなければならない問題があると思うからだ。たとえば，さまざまなところでAIを使うようになると，今，人間が行っている仕事がAIにとられてしまうかもしれない。また，仕事の責任についての問題もある。AIを使った仕事で事故が起きたときに誰が責任をとるかは，まだ明確ではない。

　たしかに，AIを使うと仕事の効率が上がるので，生産性が上がるかもしれない。AIと人間で役割を分けて，効率よく仕事をすることもできるだろう。しかし，そのために仕事を失う人もいることや人間のいない職場で事故が起きたときの対応など，AIを使う前に考えておかなければならない問題があると思う。

　したがって，解決しなければならない問題の対策を考えてから，AIを使ったほうがいいと思う。（402字）

　　　　意見　　　　　　　理由－具体例

　　　　反対意見　　　　　反対意見への反論　　　　結論

練習（3）の意見文の例

　キャッシュレス決済は支払いに手間がかからないので便利だ。しかし，地域によっては，なかなか広まらないという問題がある。

　A原因は，キャッシュレス決済のシステムを導入するための費用が高いことだ。たとえば，キャッシュレス決済を行うための専用の機械を買ったり手数料を払ったりすることは，特に小さい店にとっては負担が大きい。Bまた，支払う人も，地域にキャッシュレス決済が利用できる店が少なければ，わざわざキャッシュレス決済を利用しようとは思わないだろう。

　A'この問題を解決するためには，まず，キャッシュレス決済のサービスを提供する会社が，利用料や手数料を下げる必要がある。費用が下がれば導入してみたいと考える店は多いだろう。B'また，地域で利用できる店を増やすためには，ポイントの活用も有効だ。キャッシュレス決済はポイントの管理もしやすいため，地域で共通にポイントを使えるサービスがあれば，キャッシュレス決済を利用する人も増えるのではないか。

　このように，料金を見直したり，新しいサービスを提案したりすることで，キャッシュレス決済が広まると思う。（460字）

〜〜〜 原因‐具体例　　――― 対策　　□ 結論

練習（1）
解答

	現	在	、	さ	ま	ざ	ま	な	環	境	問	題	が	あ	る	が	、	そ	の
中	で	も	土	壌	汚	染	は	少	し	特	別	で	あ	る	。	そ	れ	は	大
気	汚	染	や	海	洋	汚	染	と	違	い	、	汚	れ	て	い	る	こ	と	に
気	が	つ	き	に	く	い	か	ら	で	あ	る	。	見	え	な	い	か	ら	こ
そ	、	知	ら	な	い	う	ち	に	、	私	た	ち	の	体	は	悪	い	影	響
を	受	け	て	い	る	。													

解説 文末の「からです」は，「のでだ」に変えないで，「からだ」「からである」を使う。

The "からです" at the end of the sentence is not changed to "のでだ" but uses "からだ" "からである."

句尾的 "からです" 不能变为 "のでだ"，而使用 "からだ" "からである"。

Không đổi "からです" ở cuối câu thành "のでだ" mà dùng "からだ" hoặc "からである".

練習（2）
解答

	こ	こ	50	年	の	間	に	、	人	間	の	生	活	は	大	き	く	変	化
し	た	。	こ	の	変	化	は	動	物	や	植	物	な	ど	に	非	常	に	悪
い	影	響	を	与	え	て	お	り	、	そ	の	結	果	「	絶	滅	危	惧	種」
が	増	え	て	し	ま	っ	た	。											

練習（3）

解答

プ	ラ	ス	チ	ッ	ク	は	、	軽	く	て	丈	夫	な	の	で	、	さ	ま
ざ	ま	な	製	品	に	使	わ	れ	て	い	る	が	、	使	わ	れ	た	後	は
大	量	の	ご	み	に	な	る	。	最	近	、	大	き	さ	が	5	mm	以	下
の	「	マ	イ	ク	ロ	プ	ラ	ス	チ	ッ	ク	」	で	、	海	が	汚	れ	る
こ	と	も	問	題	に	な	っ	て	い	る	。	し	か	し	、	私	は	今	後	、
プ	ラ	チ	ッ	ク	ご	み	の	問	題	は	改	善	す	る	と	考	え	る	。

例題の意見文の例（本冊と違う意見）

　売れ残った商品を大量に捨てることが問題になっている。特に，本来食べられる食品を捨ててしまう食品ロスは，大きな問題だ。

　Aその原因は，品切れにならないように，店が大量の商品を準備することだ。たとえば，コンビニやスーパーにはいつでも商品が並んでいる。しかし，売れ残ったお弁当や，賞味期限が切れた食品はすぐに捨てられる。Bまた，飲食店では，食材を仕入れても調理に使わず捨ててしまうことがある。これも食品ロスの原因だ。

　A'この問題を解決するためには，仕入れる量を見直すことが必要だ。たとえば流行のない商品などは売れ行きの予測が立てやすいと思う。ビッグデータの活用が進めば，もっと正確な予測もできるようになるだろう。B'また，飲食店なら，食材を使い切るための方法を考えるべきだ。余った食材を利用したメニューを考え，安く提供すれば，捨てる量も減らすことができるのではないか。

　このように，商品の量を調節したり，食材を消費する工夫をしたりすることができれば，商品を大量に捨てるということが減ると思う。（435字）

~~~~ 原因-具体例　　___ 対策　　□ 結論

練習（3）の意見文の例

　プラスチックは，軽くて丈夫なので，さまざまな製品に使われているが，使われた後は大量のごみになる。最近，大きさが 5mm 以下の「マイクロプラスチック」で，海が汚れることも問題になっている。しかし，私は今後，プラスチックごみの問題は改善すると考える。

　なぜなら，プラスチックのごみを減らすために，プラスチックの使用をやめる動きがあるからだ。たとえば，最近プラスチックストローの使用をやめ，紙や植物から作ったストローに替える店が増えてきた。他にも，パッケージをプラスチックから紙に替えた商品もよく見るようになった。環境への取り組みを行うことは，企業のイメージをよくすることにもなる。そのため，このような取り組みを行う企業が増えてきている。

　また，人々の環境に対する考え方も変わってきている。最近は，コンビニやスーパーへエコバッグを持っていく人も増えてきた。このように，人々の環境問題への意識が高まれば，プラスチックの使用は減り，ごみも減るのではないか。

したがって，プラスチックごみの問題は改善すると考える。（447字）

　　　　　　　　意見　～～～　理由 – 具体例　□□□　結論

8

練習 (1)

解答   タイプ：予測タイプ

はじめ （ テーマ・意見 ） ［ C ］

なか   （ 理由 – 具体例 ） ［ A ］

おわり （ 結論 ） ［ B ］

解説 問題文の中の「どうなっていくと思いますか」という表現から，予測タイプの構成で書くことがわかる。

From the expression "どうなっていくと思いますか" in the question, we understand that we need to write using a "predictive type" structure.

从问题文中的 "どうなっていくと思いますか" 这种表达可以知道写的是预测类型的构成。

Từ mẫu diễn đạt "どうなっていくと思いますか" trong đề bài, suy ra được rằng sẽ viết theo cấu trúc của kiểu đề dự đoán.

練習 (2)

解答   タイプ：対策タイプ

はじめ （ テーマ ）   ［ A ］

なか   （ 原因 – 具体例，対策 ） ［ C ］

おわり （ 結論 ）   ［ B ］

解説 問題文の中の「問題を解決するにはどうすればよいか」という表現から，対策タイプの構成で書くことがわかる。対策タイプは「はじめ」には意見を書かない。「おわり」には「なか」をまとめた意見を結論として書く。

From the expression "問題を解決するにはどうすればよいか" in the question, we understand that we need to write using a "countermeasure type" structure. In a "countermeasure type" structure, do not write an opinion in the "はじめ." Write, in the "おわり," a summarized form of the opinion written in the "なか."

从问题文中的 "問題を解決するにはどうすればよいか" 这种表达可以知道写的是对策类型的构成。对策类型的 "はじめ" 不写意见。在 "おわり" 中把 "なか" 归纳的意见作为结论来写。

Từ mẫu diễn đạt "問題を解決するにはどうすればよいか" trong đề bài, suy ra được rằng sẽ viết theo cấu trúc của kiểu đề đối sách. Ở kiểu đề đối sách, trong phần "はじめ" không viết ý kiến. Ở phần "おわり" sẽ viết ý kiến được tổng kết từ phần "なか" để làm kết luận.

練習（3）

解答 タイプ：長短タイプ

はじめ（　テーマ・意見　）　　　　　　　　［　B　］

なか　（　理由 – 具体例, 反対意見・反論　）［　C　］

おわり（　　　結論　　　）　　　　　　　　［　A　］

解説 問題文の中の「良い点と悪い点の両方に触れながら」という表現から，長短タイプの構成で書くことがわかる。

From the expression "良い点と悪い点の両方に触れながら" in the question, we understand that we need to write using an "advantages and disadvantages" type structure.

从问题文中的"良い点と悪い点の両方に触れながら"这一表达可以知道写的是优缺点类型的构成。

Từ mẫu diễn đạt "良い点と悪い点の両方に触れながら", suy ra được rằng sẽ viết theo cấu trúc của kiểu đề ưu, nhược điểm.

例題の意見文の例（本冊と違う意見）

　　家賃が安く，家具もついているシェアハウスは学生や社会人など若者を中心に人気があり，最近増えている。しかし私は今後シェアハウスの利用者は減っていくと考える。

　　なぜなら，日本は少子高齢化で，若者の数が減っていくからだ。シェアハウスに住んでいるのは，安い家賃で都市部に住みたいと考える 20 代や 30 代の若者が多い。他にも，知らない人と出会い，交流するためにシェアハウスに住む人もいるが，そのほとんどは若者だ。若者の数が減ればシェアハウスに住む人も減るだろう。

　　また，今シェアハウスを利用している人も，シェアハウスにずっと住み続けるとは限らない。結婚して家族を持った人がシェアハウスに住み続けることは少ないだろう。共有の場所が多いシェアハウスで，子どもを育てるのは難しい。このように，ある程度の年齢になった人はシェアハウスを利用しなくなるのではないだろうか。

　　したがって，今後，シェアハウスの利用者は減っていくと考える。（402 字）

意見　＿＿＿ 理由 – 具体例　□ 結論

練習（3）の意見文の例

　日本には24時間営業の飲食店やコンビニが多い。しかし，最近，24時間営業をやめる店が増えている。私は24時間営業はやめたほうがいいと考える。

　なぜなら，犯罪などの問題が起こる可能性が低くなるからだ。深夜，客や店員が少ないコンビニに強盗が入ったり，店の周りで客が騒ぎ，近くの住民が警察を呼んだりするトラブルをよく聞く。24時間営業の店がなくなれば，そのような問題はなくなると思う。また，環境保護の点から見ても，24時間営業はやめたほうがいい。24時間365日，ずっと電気を使い続けるのは，電力のむだ遣いと言えるだろう。

　たしかに，忙しい現代人にとって，早朝や深夜も開いている店は便利かもしれない。しかし，本当に24時間営業の店に行く必要があるかどうか考えてみると，実はそれほど必要ではないと気づく。昼間のうちに必要なものを用意しておくなど，別の方法で対処できることが多い。

　よって，24時間営業はやめたほうがいいと考える。　（407字）

　　　　意見　　　　　　理由－具体例
　　　反対意見　　　　　反対意見への反論　　　結論

練習（1）

解答例	タイプ：予測タイプ

テーマ：近年，大学や日本語学校などでオンライン授業が行われるようになった。

意見：私は今後もオンライン授業は増え続けると思う。

解説 オンライン授業が今と比べて今後増えるか減るかを考える。

Consider if online classes will increase or decrease in the future, compared to the present.

思考一下和现在相比，今后网课会增加还是减少。

Suy nghĩ xem lớp học trực tuyến trong tương lai sẽ tăng hay giảm so với hiện tại.

練習（2）

解答例	タイプ：予測タイプ

テーマ：近年，社会人になってから再び教育を受けるリカレント教育が広がっている。

意見：今後も学び直しをする社会人の数は増えると思う。

解説 社会人になってから学び直しをする人の数が今後増えるか減るかを考える。

Consider if the number of people taking up relearning after they become working adults will increase or decrease in the future.

思考成为社会人后重新学习的人数，今后会增加还是减少。　Suy nghĩ xem trong tương lai số người học lại khi đã đi làm sẽ tăng hay giảm.

練習（3）

解答例	タイプ：長短タイプ

テーマ：特別な才能を持った子どもに対してギフテッド教育を行う国がある。

意見：私はギフテッド教育がもっと広まったほうがいいと考える。

解説 ギフテッド教育の良い点と悪い点を考える。

Consider the good and bad points of gifted education.　思考一下天才教育的利与弊。　Suy nghĩ về ưu điểm và nhược điểm của giáo dục năng khiếu.

例題の意見文の例（本冊と違う意見）

近年，小学校などでデジタル教科書の導入が進んでいる。しかし，私はデジタル教科書より紙の教科書のほうがいいと考える。

なぜなら，紙の教科書は歴史が長く，教材が豊富にあり，学習方法に合った教材を選ぶことができるからだ。また，紙の教科書は答えだけでなく考えの過程などが残すことがで

きる。自分がなぜ間違えたのか，どういう考えでその答えに辿り着いたのかなどを教科書に記しておけば，学習効果を高める助けになるだろう。さらに，視力低下の問題もある。授業中にパソコンやタブレットの画面を長時間見るのは，視力低下の大きな原因になると考えられる。

　たしかに，デジタル教科書のほうが便利で使いやすいという意見もあるだろう。動画やカラーの写真は子どもたちの学習意欲を高め，理解を深めるのに役立つだろう。何冊も重い教科書を持ち運ぶ必要もない。しかし，動画や写真に頼ってばかりだと，文章を読んで内容を想像する力が育たないのではないだろうか。

　以上のことから，私は紙の教科書のほうがいいと考える。（430字）

意見　　　━━━理由－具体例　　　
━━━反対意見　　　━━━反対意見への反論　　　□結論

練習（3）の意見文の例

　生まれつき特別な才能を持った子どもにギフテッド教育を行う国がある。私はギフテッド教育がもっと広まったほうがいいと考える。

　なぜなら，与えられた才能は伸ばすべきだと考えるからだ。自分の能力に合った教育を受けることで，その子どもの才能をさらに伸ばすことができる。また，他の子どもたちと同じような内容の授業を受けることは，特別な才能を持った子どもたちにとっては苦痛なのではないだろうか。たとえば，授業の内容がすでに知っていることばかりだったら，授業への興味を持つことができないだろう。また，自分の能力が他の子どもたちと違うことについて，他の人に認められることは重要である。誰かが認めなければ，その能力を隠したほうがいいと考えてしまうのではないか。

　たしかに，通常の学校教育も必要だという人もいるだろう。同年代の子どもたちと同じ教室で学ぶことは勉強以外にもあり，得るものが大きい。しかし，才能を活かす学びの場と通常の教育の場は別と考えて，二つの環境を提供することで問題は解決できると思う。

　以上のことから，私はギフテッド教育がもっと広まったほうがいいと考える。（473字）

意見　　　━━━理由－具体例　　　
━━━反対意見　　　━━━反対意見への反論　　　□結論

練習（１）

|解答例| なぜなら，インターネットを使う年齢が今後ますます下がると考えられるからだ。

|解説| インターネットが使われる場面の広がりやスマホなどの電子機器を持つ年齢の変化などから考える。

Consider aspects such as the broadening of situations where the Internet is used, or changes in the age of ownership for electronic devices such as smartphones.

从使用互联网的场面扩大和持有智能电话等电子机器的年龄变化等来进行思考。

Suy nghĩ về sự mở rộng của các tình huống sử dụng Internet hay sự thay đổi về độ tuổi của những người sở hữu các thiết bị điện tử như điện thoại thông minh v.v.

練習（２）

|解答例| なぜなら，メタバース上でアバターを使うことにより，人見知りの人でも自分に自信を持って話せるようになるからだ。

|解説| メタバースで，姿形を変えて人と交流することの長所を考える。

Consider the advantages of changing your appearance and interacting with others in the metaverse.

思考一下虚拟空间，改变形态与人类交流的利点。

Suy nghĩ về ưu điểm của việc thay đổi diện mạo để tương tác với người khác trong Metaverse.

練習（３）

|解答例| なぜかというと，子どもは大人より慣れるのが早いからだ。また，プログラミングの学習は，論理的な思考力を身につけることに役立つとも言われている。

|解説| プログラミングを大人になってから始めるのと子どものうちから始めるのとでは，どのような違いがあるかを考える。

Consider what the differences are between taking up programming as an adult, and taking up programming as a child.

思考一下成人后开始编程，和小时候就开始编程，有什么不同。

Suy nghĩ xem có sự khác biệt như thế nào giữa việc bắt đầu lập trình khi trưởng thành và bắt đầu lập trình khi còn nhỏ.

例題の意見文の例（本冊と違う意見）

　インターネット上の掲示板やSNSへの投稿を実名でしたほうがいいと考える人がいる一方で，投稿は匿名のほうがいいと考える人もいる。私はインターネット上の掲示板やSNSへの投稿は実名のほうがいいと考える。

　なぜなら，実名にすることでインターネット上のいじめが減るからだ。SNSが普及するとともに，いじめや誰かを傷つけるような発言が増えている。実名であれば，その問題は減ると考える。また，うその情報や根拠のない発言なども減ると考える。誰が発信したかがわかれば，みんな自分の発言に責任を持つのではないだろうか。

　たしかに，匿名のほうがいいという人もいるだろう。匿名だからこそ気軽にできる発信もある。それら全てが人を傷つけるものとは限らない。しかし，自分の発言に責任を持つことは大切だ。実名で言えないようなことは，インターネット上でも発信すべきではない。

　以上のことから，私はインターネット上の掲示板やSNSへの投稿は実名のほうがいいと考える。（413字）

　　　　意見　　　　～～～　理由－具体例
　＝＝＝　反対意見　　　　　反対意見への反論　　□　結論

練習（3）の意見文の例

　近年，小学校などでプログラミング教育を行う学校が増えている。私は小学校でプログラミング教育を行うべきだと思う。

　なぜかというと，子どもは大人より慣れるのが早いからだ。子どもは，大人より知識や技術を身につけるのが早い。大人になってから新しいことを学習するのは難しいため，小学校という早い段階で学習することは，効果的である。また，プログラミングの学習は，論理的な思考力を身につけることに役立つとも言われている。プログラミングの学習で身につけた思考力は理解力や問題解決力を高めたり，相手の気持ちや考えを理解するのを助けたりと，さまざまなことに活かすことができる。

　たしかに，小学校でプログラミング教育を行うことは，学習科目が増え，子どもの負担につながると言う人もいるだろう。しかし，今後ますますITが発達していく中で，ITの基礎的な知識を身につけておけば，将来の選択肢も広がるのではないだろうか。

　以上のことから，私は小学校でプログラミング教育を行うべきだと考える。（427字）

　　　　意見　　　　～～～　理由－具体例
　＝＝＝　反対意見　　　　　反対意見への反論　　□　結論

練習（1）

|解答例| 実際に，私の国には「失敗は成功のもと」と同じ意味のことわざがある。失敗を経験することで成功につながる気づきや学びを得るということだ。

|解説| 社会で共有されていることを書いている。

This writes about the things that are shared across society.　写社会共有的事物。　Đang viết về thứ đang được chia sẻ trong xã hội.

練習（2）

|解答例| たとえば，最近，男性が育児休暇を取りやすくなる法律ができた。また，出産後の女性が職場に戻りやすい制度なども作られた。

|解説| 過去に起きたことを書いている。

This writes about something that happened in the past.　写过去发生的事情。　Đang viết về điều đã xảy ra trong quá khứ.

練習（3）

|解答例| たとえば，電話やインターネットを利用した相談窓口や，地域のボランティアによる悩み相談などがある。私も友だち関係で悩んだとき，利用したことがある。学校や家庭以外にも悩みを吐き出す方法や場所が増えているのだ。

|解説| 自分が経験したことを書いている。

This writes about a personal experience.　写自己经历过的事情。　Đang viết về kinh nghiệm của bản thân.

例題の意見文の例（本冊と違う意見）

他人と競争することをよくないと考える人がいる一方で，競争することが大切だと考える人もいる。私は他人と競ったり勝ち負けにこだわることは必要だと考える。

なぜなら，人は誰かと競争することで，「負けたくない」という気持ちが生まれ，それががんばる力につながるからだ。それにより持っている以上の力を発揮できると考える。たとえば，陸上選手は一人で走る場合と競う相手がいる場合では，相手がいるときのほうがいいタイムが出やすいそうだ。日常生活においても，勉強や仕事などのさまざまな場面でライバルが現れる。その存在は同時に目標ともなり，今の自分が持っている以上の力を発揮させてくれることも多い。

たしかに，他人と競うことは，心と体に大きなストレスを与えるのでよくないと考える

人もいるだろう。しかし，他人と比べることで，自分の得意な部分や苦手な部分がよく見えてくることもある。それによって，自分の活躍できる場を見つけることは大切だ。

以上のことから，私は競争は必要だと考える。（425字）

意見　　____理由 – 具体例
＿＿＿＿反対意見　　____反対意見への反論　　□□□結論

練習（3）の意見文の例

　現代社会は心の病気になる人が増えていると言われている。しかし，私は今後，心の不調を感じる人は少しずつ減っていくと考える。

　なぜなら，さまざまな問題の解決に向けて，現在，人も社会も動いているからだ。たとえば，電話やインターネットを利用した相談窓口や，地域のボランティアによる悩み相談などがある。私も友だち関係で悩んだとき，利用したことがある。学校や家庭以外にも悩みを吐き出す方法や場所が増えているのだ。以前は，そのような相談をすることは恥ずかしいことだと考える人が多かったが，テレビやインターネットの影響で，相談することは悪いことではないという考えを持つ人が増えた。このような場所に相談すれば，病院や施設などの専門的な機関を紹介してもらうこともできる。適切な機関で処置を受けることで問題解決に近づけるだろう。また，疲れをとるために工夫する人が増えている。無理をしないで休む，休みの日は旅に出るなど，心のバランスを保つことの重要性は広く知られるようになった。

以上のことから，私は今後，心の不調を感じる人は少しずつ減っていくと考える。

（463字）

意見　　____理由 – 具体例　　□□□結論

7 回目

練習（1）

解答例

たしかに，高齢者は若い人よりもできる仕事の量が少ないかもしれない。なぜなら，体力や健康面で不安があるからだ。しかし，その仕事を長く続けている高齢者なら，その人たちの知識や技術を若い人々に伝えることができる。高齢者が一緒に働くことで，次の時代の働き手を育てられるのではないだろうか。

_____ 反対意見　 _ _ _ _ _ 反対意見の理由　 _____ 反対意見への反論

解説 高齢者の仕事での役割について述べて，反対意見に反論している。

This describes the roles of the elderly in the workplace, and counters the opposing opinions.

阐述老年人在工作中的作用，反驳反对意见。

Đang nêu vai trò của người cao tuổi trong công việc để phản biện ý kiến đối lập.

練習（2）

解答例

たしかに，高齢者と若者とでは一緒に生活することが難しいかもしれない。なぜなら，生活のスタイルや時間が違うからだ。早朝や夜遅くに睡眠をじゃまされたり，食生活や食事の好みの違いもあったりするだろう。しかし，そのような生活に関する基本的なルールは初めから決めておき，契約するときに確認をすればよいのではないだろうか。

_____ 反対意見　 _ _ _ _ _ 反対意見の理由　 _____ 反対意見への反論

解説 生活に関する基本的なルールを決める提案をして，反対意見に反論している。

This counters the opposing opinions, as a proposal for determining basic lifestyle rules.

提议决定有关生活的基本规定，反驳反对意见。

Đang đề xuất việc quyết định quy tắc cơ bản liên quan đến sinh hoạt để phản biện ý kiến đối lập.

練習（3）

解答例

もちろん，高齢者にとっては家族と一緒に住み慣れた家で生活したほうがいいという意見もある。慣れない環境は高齢者のストレスにつながるからだ。しかし，高齢者施設には介護の専門スタッフや他の高齢者もいるので，さまざまな人と交流することができ，高齢者の心の健康にもつながる。

_____ 反対意見　------ 反対意見の理由　_____ 反対意見への反論

解説

高齢者施設で過ごすことが高齢者の心の健康につながることについて述べて，反対意見に反論している。

This describes how living in an elderly facility is related to the mental health of elderly people, and counters the opposing opinions.

提出在老年人设施中生活与老年人的身心健康有关的意见，反驳反对意见。

Đang nêu rằng việc sống ở cơ sở chăm sóc người cao tuổi có liên quan đến sức khỏe tâm thần của người cao tuổi để phản biện ý kiến đối lập.

例題の意見文の例（本冊と違う意見）

　　最近，高齢者による自動車事故がニュースで話題になることが多い。私は事故を減らすためにも運転免許に定年制を導入したほうがいいと考える。

　　なぜなら，最近は，高齢者が自分で自動車を運転しなくても生活できるようなサービスが増えているからだ。たとえば，買い物では，インターネット注文や配達サービスなどがある。病院の場合は，往診やオンライン診療をするところもある。このように，自分で店や病院へ行かなくても必要な用事をすませることができる。

　　たしかに，定年制を導入する必要はないと言う人もいるだろう。安全性の高い車の開発や免許更新のときの運転技能講習や適性検査など，高齢ドライバーの事故防止のためのさまざまな対策があるからだ。しかし，安全性の高い車でも故障をすることがある。また，適性検査に合格したとしても，事故を起こさないとは限らない。

　　高齢ドライバーによる事故をこれ以上増やさないために，私は運転免許に定年制を導入すべきだと思う。（407字）

_____ 意見　～～～ 理由－具体例
_____ 反対意見　_____ 反対意見への反論　□ 結論

練習（3）の意見文の例

　高齢化が進む日本では，現在，高齢者の介護についてさまざまな意見がある。私は専門の施設で専門のスタッフが介護をしたほうがいいと考える。

　なぜなら，自宅での介護は，高齢者にとっても家族にとっても負担が大きいからだ。たとえば，介護をする家族も高齢者である老々介護が問題になっており，介護を続けることが体力的に難しい高齢の介護者も少なくない。また，自宅での介護は，精神的にも負担が大きい。介護をする家族のストレスが高齢者のストレスにつながる可能性もある。このように，介護をする家族の体や心の健康について考えることも重要だ。

　もちろん，高齢者にとっては家族と一緒に住み慣れた家で生活したほうがいいという意見もある。慣れない環境は高齢者のストレスにつながるからだ。しかし，高齢者施設には介護の専門スタッフや他の高齢者もいるので，さまざまな人と交流することができ，高齢者の心の健康にもつながる。

　高齢者の心の健康や安全だけでなく，周りの人のためにも，私は専門の施設で介護をしたほうがいいのではないかと思う。（443字）

　████ 意見　　　〜〜〜〜 理由 – 具体例
　━━━━━ 反対意見　　━━━━ 反対意見への反論　　│　　│ 結論

20

8 回目　　　　　　　　　　　　　　　　　　　　　　　　　p.48 〜 p.53

練習（1）

解答例

原因B：また，人間関係がうまくいかないことも原因だ。

対策B′：また，相談にのる機会を設けたり，サポートする人を決めておいたりして，コミュニケーションをとるようにすべきだ。

結論　：以上のことから，企業は外国人が働き続けたいと思う労働環境を整えることが大切だと思う。

解説　どちらの対策も労働環境をよくすることについて述べているので，「労働環境を整える」という点でまとめる。

This describes how both countermeasures improve the working environment, so it summarizes the point about "improving the working environment."

因为是在阐述两个对策都是要改善劳动环境，所以归纳到"整顿劳动环境"这一点上。

Vì cả 2 đối sách đều nhắc đến việc cải thiện môi trường lao động nên sẽ tổng kết bằng ý "điều chỉnh môi trường lao động".

練習（2）

解答例

原因B：また，自分にしかできない仕事があり，休むと他の人に負担がかかるので，休みにくいと感じることも原因だ。

対策B′：また，一人でその業務を担当することにならないように，普段から何人かで関わるような仕組みを作ることも必要だ。

結論　：よって，企業が育児休暇を取りやすい雰囲気や環境を作ることで，育児休暇の取得率が上がると思う。

解説　どちらの対策も企業が社員に対してすることなので，「企業が支援をする」という点でまとめる。

Since both countermeasures are implemented by companies for employees, this summarizes the point about "companies providing support."

两个对策都是公司对员工所做的，所以归纳到"企业提供支持"这一点上。

Vì cả 2 đối sách đều là việc doanh nghiệp làm cho nhân viên nên sẽ tổng kết bằng ý "doanh nghiệp hỗ trợ".

練習（3）

解答例

原因B：また，非正規雇用者を助けるための制度を本人が知らないことも原因だ。

対策B′：また，非正規雇用者が簡単に支援制度の情報が得られる仕組みを作るべきだ。

結論　：このように，政府はもっと非正規雇用者への支援をすべきだと思う。

解説

どちらの対策も政府が行うべきことなので，「政府が支援をする」という点でまとめる。

Since both countermeasures should be implemented by the government, this summarizes the point about "the government providing support."

两个对策都是政府应该做的，所以归纳到"政府提供支援"这一点上。

Vì cả 2 đối sách đều là việc chính phủ cần làm nên sẽ tổng kết bằng ý "chính phủ hỗ trợ".

例題の意見文の例（本冊と違う意見）

途上国には多くの児童労働者がいる。

A児童労働が行われる原因の一つは，途上国が先進国と取引をするとき，十分な対価が支払われないことだ。途上国は立場が弱く，商品の値段を先進国に決められてしまうことがある。そのため，途上国の企業や家庭の収入が減り，子どもも働かなくてはならない。Bまた，子どもが働くことが悪いことだと考えられていないことも原因だ。たとえば，児童労働を問題視しない環境で育った子どもは，大人になったときに，自分の子どもにも同じように労働をさせてしまうかもしれない。

A′問題の解決には，まず途上国が不利にならないように先進国が適正な価格で貿易することが大切だ。フェアトレード商品なら，適正な価格で取引が行われ，児童労働も行われていないことが確認されている。人々がこの商品を買うことが児童労働をなくすことにつながる。B′また，長時間の児童労働を減らすことができた他国の取り組みを参考にすることも効果的だ。他の国の状況を知れば，子どもが働くことへの意識が変わるかもしれない。

よって，その国だけでなく国際社会全体で子どもを守ることが必要だと考える。（468字）

___ 原因-具体例　＝＝＝ 対策　□ 結論

練習（3）の意見文の例

　非正規雇用者が，正規雇用者になりたくてもなれないことが問題になっている。

　A原因は，非正規雇用者がキャリアアップできる機会が少ないことだ。非正規雇用の仕事は契約期間が決まっていることが多く，なかなか経験を積むことができない。その結果，社内で正社員に採用されることも，転職し正社員に採用されることも難しいという状況が生まれる。Bまた，非正規雇用者のキャリアアップを助けるための制度などがあっても，その存在を必要としている人が知らないことも原因だ。自治体のホームページに書いてあっても，知らなければ調べようがない。

　A'この問題を解決するには，行政がもっと企業に働きかけて，キャリアアップの機会を作ることが必要だろう。優秀な人材が確保できることは企業にとっても有益なはずだ。B'また，すでにある制度を広く知ってもらうために，簡単に情報が得られる仕組みを作るべきだ。

　このように，非正規雇用者が自分一人の力で正規雇用を目指すのは難しい。政府はもっと非正規雇用者への支援をすべきだと思う。(431字)

～～～ 原因 - 具体例　　＿＿＿ 対策　　□ 結論

9 回目　　　　　　　　　　　　　　　　　　　p.56 ～ p.61

練習（1）

解答例

長所	短所
・いつでも簡単に相談できる→安心 ・移動時間，交通費，待ち時間がない 　→病気の人，高齢者の負担が㊥ ・他の人の病気がうつる心配がない	・医者に直接診察してもらえない ・パソコンやスマホが必要 　→お年寄りなど使えない人もいる

オンライン診療はもっと広まるべきだ

記号の説明　㊥：減る

解説　長所のほうが多く書けたので，「オンライン診療がよい」という意見にする。

There are more advantages written, so the opinion "オンライン診療がよい" is used.　因为优点写得多，所以意见为"オンライン診療がよい"。

Vì viết được nhiều ưu điểm hơn nên sẽ chọn ý kiến là "オンライン診療がよい".

練習（2）

解答例

長所	短所
・労働力不足の解消 ・介護する人：負担が㊡ ・介護される人：「恥ずかしい」「申し訳ない」という気持ちが㊡ ・人件費より安い	・人の温かさが感じられない ・急な事故などがあったときに対応できない

介護ロボットを導入すべきだ。ただし，ロボットができないことは人がすべきだ

記号の説明 ㊡：減る

解説 長所の方が多く書けたので，「介護ロボットを導入すべきだ」という意見にする。しかし，人でなければできないことがあるということを認める場合は，条件（「ロボットができないことは人がすべきだ」）を加える。

There are more advantages written, so the opinion that "介護ロボットを導入すべきだ" is used. However in the case where it has been acknowledged that there are things that only a human can do, a condition ("ロボットができないことは人がすべきだ") is added.

因为优点写得多，所以意见为"介护ロボットを导入すべきだ"。但是，如果认为有些事是只有人才可以做到的话，则加上条件（"ロボットができないことは人がすべきだ"）。

Vì viết được nhiều ưu điểm hơn nên sẽ chọn ý kiến là "介護ロボットを導入すべきだ". Tuy nhiên, sẽ ghi kèm điều kiện ("ロボットができないことは人がすべきだ") trong trường hợp nhìn nhận rằng có những chuyện phải là con người thì mới làm được.

練習（3）

解答例

長所	短所
・自分で治療法が決められる ・これからの時間の使い方を決められる 　↑QOLの点からも大切	・病気のことを聞いてショックを受ける 　病気のときは，気持ちも元気ではない 　→耐えられない人，生きる希望を失う人もいる ・病気の不安を感じたくない人もいる

自分の病気を知らないでいることを選べることも大切
全ての患者に病状を伝えるのではなく，その人の様子を見て判断すべきだ

結論で「全ての患者に病状を伝えるのではなく」とインフォームドコンセントを一部否定する意見を述べている。このように完全に賛成，完全に反対とはっきり言えない場合は，条件（「その人の様子を見て判断すべき」）を加える。

The conclusion states "全ての患者に病状を伝えるのではなく," an opinion which partially disagrees with informed consent. In cases like this where it is not possible to completely state for or against, a condition ("その人の様子を見て判断すべき") is added.

在结论中，阐述对知情同意的一部分予以否定的意见："全ての患者に病状を伝えるのではなく"。像这样，如果无法明确表示完全赞成或完全否定的话，则加上条件（"その人の様子を見て判断すべき"）。

Ở phần kết luận, nêu ý kiến "全ての患者に病状を伝えるのではなく" để phản đối một phần về sự đồng thuận khi đã được thông tin. Trong trường hợp không thể nói rõ là tán thành hay phản đối hoàn toàn như thế này thì sẽ ghi kèm điều kiện ("その人の様子を見て判断すべき").

2の意見文の例（本冊と違う意見）

　世界には救急車が有料の国が多いが，料金はさまざまだ。私は救急車は無料のほうがいいと考える。

　なぜなら，無料なら，料金のことを気にせず，誰でも救急車を呼ぶことができるからだ。聞いた話によると，一度救急車を呼ぶと，数万円かかる都市もあるそうだ。お金がなくて救急車が呼べないというのは，お金があるかどうかで，生きるか死ぬかが決まるということだ。また，料金のことを考えて，救急車を呼ぶかどうかを迷っているうちに，体調が悪くなってしまうかもしれない。

　もちろん，無料の場合は，軽いけがでも救急車を呼ぶ人がいて，本当に必要としている人が呼んだときに救急車や病院のスタッフが足りず，対応できなくなるという問題もあるだろう。有料のほうが，軽い気持ちで利用する人が減るかもしれない。しかし，自分の症状について，軽いか重いかを判断するのは難しく，ある程度お金を持っている人なら，有料でも救急車を呼ぶだろう。そのため，有料にしても救急車の利用はそれほど減らないと思う。

　したがって，私は救急車は無料のほうがいいと考える。（446字）

意見　　　～～～理由‐具体例

＿＿＿反対意見　　＿＿＿反対意見への反論　　□結論

練習（3）の意見文の例

　昔は患者は医師の指示に従い，詳しい内容を知らないまま治療を受けることが多かった。一方で現在は，患者は医師の説明を聞き，自分の意志で治療法などを決めるようになった。しかし，私は知らないでいることを選べるようにすることも重要だと考える。

　なぜなら，病気のときは気持ちも元気ではないことが多いからだ。そのような状態のときに，自分の病気のことを聞かされたら，耐えられない人もいるだろう。重い病気だと知って，生きる希望を失う人もいるかもしれない。

　たしかに，インフォームドコンセントは患者が自分で治療法が決められる点で有用だ。長く生きられないとわかったときに，自分で残りの時間の使い方が決められることはQOLの点からも大切だろう。しかし，自分の病気を知りたくない人もいる。病気の不安を感じることなく生きるという選択肢があってもいいのではないだろうか。

　よって，私は知らないでいることを選べるようにすることも重要だと考える。インフォームドコンセントは患者のためにあるものだが，全ての患者に病状を伝える必要はなく，その人の様子を見て判断すべきだと思う。（446字）

　　　意見　　　　　　　理由 - 具体例
　　　反対意見　　　　　反対意見への反論　　　結論

26

練習（1）

解答例

強まる	弱まる
・全世界が共に抱えている課題がある 　→問題解決のために協力 　例）環境問題，経済格差，差別…… ・グローバル社会やITの発展 　→国や地域を超えた協力が可能になる	・世界的な不況 　→先進国が途上国をサポートすること 　が難しい ・自国の利益を一番に考える国もある

協力関係は強まる

解説　関係が「強まる」「弱まる」の2通りについて考える。自分が知っている具体例が
あれば，書いておくといい。

Consider the two possibilities, that the relationship will "強まる" or "弱まる." If you have any specific examples, write these down.

就关系是"强まる"或"弱まる"这两种情况进行思考。如果有自己所知具体例子，可以先写下来。

Suy nghĩ theo 2 hướng: quan hệ "強まる" và "弱まる". Nếu có ví dụ cụ thể nào mà bản thân biết thì nên ghi ra.

練習（2）

解答例

増える	減る
・留学生：留学生増のための政策が行わ 　　れている 　→若い人が日本文化に触れる機会が増 ・労働者：日本で働く人や，その家族が増	・労働者：日本の経済力が↘ 　→労働者が日本以外の国へ流れる

日本に住む外国人の数は増

記号の説明　増：増える　　　↘：低下する

解説　「増える」「減る」の2通りについて考える。「増える」という予測のほうが多く書
けたので，それを自分の意見にする。

Consider the two possibilities of "増える" or "減る." There are more predictions written for "増える", so use this as your own opinion.

就"増える""減る"这两种情况进行思考。因为"増える"这一推测写得多，所以将此作为自己的意见。

Suy nghĩ theo 2 hướng: "増える" và "減る". Vì viết được nhiều dự đoán "増える" hơn nên sẽ chọn nó làm ý kiến của bản thân.

練習（3）

解答例

消滅する	消滅しない
・グローバル化が進む →他の国の新しい文化が入ってくる →もともとあった文化が注目されなく 　なる	・インターネットの発達 →伝統文化や工芸品などを世界に発信 　しやすくなる 例）オンラインショッピング ・外国人キャその国の文化を受け継げる 例）お花見

伝統文化は消滅しない

解説

問題文には「国や地域の伝統文化はどうなっていくと思いますか」と書いてあるが，その前に「消滅するのではないかと言われている」という状況が説明されている。そのため，予測は「消滅する」「消滅しない」の２通りについて考える。

The question says "国や地域の伝統文化はどうなっていくと思いますか." However before this, the situation is explained as "消滅するのではないかと言われている." Therefore consider both "消滅する" and "消滅しない."

问题文中写有"国や地域の伝統文化はどうなっていくと思いますか"，但在此之前说明了"消滅するのではないかと言われている"这一状况。因此，推测就"消滅する""消滅しない"这两种情况进行思考。

Đề bài ghi "国や地域の伝統文化はどうなっていくと思いますか" và trước đó có giải thích thực trạng là "消滅するのではないかと言われている". Vậy nên sẽ suy nghĩ theo 2 hướng là "消滅する" và "消滅しない".

2の意見文の例（本冊と違う意見）

　グローバル化が進み，英語をはじめ，外国語を学ぶ人が増えている。それとともに留学をする人が増え，近年では留学は身近なものになっている。私の国でも留学をする人の数は増えている。私は今後も留学をする人は増えると考える。

　なぜなら，今後ますます国と国の経済的，文化的交流が盛んになりグローバルな人材が求められるからだ。外国語の能力はもちろん，国際的な感覚を持った人材も必要になる。広い視野と国際的な感覚を養うためには，異文化に触れ，さまざまな文化的背景を持つ人々と交流することが役に立つ。それにより語学力だけでなく，広い視野，問題解決能力などが身につくと考える。また，子どもにかける教育費を増やすべきだと考える親が増えている。現代社会において求められるスキルは多様化しており，それらを身につけるには，自国の学校の教育だけでは不十分だと考えられている。そのため，親たちはさまざまな方法で，子どもの将来のためにできる限りのスキルを身につけさせようとする。

> 以上のことから，私は今後も留学をする人は増えると考える。（448字）

　　意見　――――　理由－具体例　□ 結論

練習（3）の意見文の例

　グローバル化が進み，国や地域ごとの特色がなくなり，伝統文化が消滅するのではないかと言われている。しかし，私は各国の伝統文化は消滅しないと考える。

　なぜなら，インターネットを利用して伝統文化や工芸品などを世界に広められるからだ。たとえば，工芸品はその国に行かなくても，簡単に見たり買ったりすることができるようになった。実際に，日本の工芸品をオンラインショップで購入する外国人は少なくない。工芸品だけでなく，能や歌舞伎などの芸能もインターネットを通して広められる。

　また，外国人がその国の文化を受け継ぐこともできる。今は多文化共生の時代である。外国に住んだり，外国人と共に働いたりすることはめずらしいことではない。共に過ごす中で，自然に文化を継承する機会は多くあるのではないだろうか。たとえば，春になれば日本人だけでなく外国人も一緒にお花見を楽しんでいる。それと同じように国の文化もその国の人だけでなく外国人によっても継承されると考える。

> 以上のことから，今後も各国の伝統文化は消滅しないと考える。（444字）

　　意見　――――　理由－具体例　□ 結論

11 回目 p.68 ～ p.73

練習（１）

解答例

原因	対策
・人口，経済，文化が都市部に集中	・都市部の企業や文化施設を地方へ移す
・地方の不便さ 　例）交通の便が悪い	・オンラインの活用 　例）リモートワークなど
・都市部より賃金が低い	✕

地方でも都市部と同じように活動できる制度，設備が必要

→そのためのモデルケースを作る

解説 具体的な対策がないものは意見文には書かない。

Do not include anything that doesn't have specific measures in the opinion statement.　意见文中不写没有具体对策的东西。

Ý nào không có đối sách cụ thể thì không ghi vào bài luận nêu ý kiến.

練習（２）

解答例

原因	対策
・民泊，カーシェアなどは，新しいサービスなので，ルールがあいまい	・法律を整備する
・提供された物，サービスの質が悪い 　例）壊れている，汚れている， 　　　写真と違う	・企業がトラブル対策を行う 　例）24 時間の相談窓口 　物，サービスの質をチェックする仕組み
・使い方がわからない人がいる	✕

新しいサービスを始める前に，国や企業がルールを決める

サービスを始めた後も，それぞれの問題に対応を行う

→安心，安全な利用につながる

解説 「（あなたの）知っている例」は，今まで学習してきた「具体例」のこと。

The "（あなたの）知っている例" are the specific examples you have been studying.

"（あなたの）知っている例"是至今为止学习过的"具体例子"。

"（あなたの）知っている例" nghĩa là "ví dụ cụ thể" đã học từ trước đến nay.

30

練習（3）

解答例

原因	対策
・生活必需品を買う量が〈減〉	・生活必需品の税率を↘
・生活必需品以外も買う量が〈減〉 　例）旅行，趣味のもの	・消費税を下げる対象を広げる 　⇔時計，アクセサリーなどを増税

家計に余裕がない人も安心して買い物ができるようにする
→景気の悪化が抑えられる

記号の説明　〈減〉：減る　　↘：下げる

解説　増税の対策として，税率を下げることと，税率を下げる対象を広げることの二つを考えている。

The reduction of tax rates and the broadening of tax rate reduction scope are considered as two measures to combat tax increases.

作为增税的对策，思考降低税率和扩大降低税率对象这两种措施。

Nghĩ ra 2 ý là giảm mức thuế và mở rộng đối tượng giảm mức thuế để làm đối sách cho việc tăng thuế.

2 の意見文の例（本冊と違う意見）

　日本の食料自給率は先進国の中でも低い。このことは，現在，日本で問題となっている。
　食料自給率低下の原因の一つに，日本人の食生活の変化が考えられる。日本では，日本産の食材を中心とした食生活から輸入食材を取り入れた食生活に変化した。そのため，日本産の食材の消費が減り，今までと同じように食材を生産することが難しくなった。その結果，生産量が減り，食料自給率も低下した。
　この問題を解決するには，日本産の食材を使うメリットを伝えていく必要がある。日本産の食材は輸入食材より輸送距離が短いので，CO_2 削減にもつながり地球環境にやさしい。新鮮でもある。そのようなメリットを宣伝して消費量が増えれば，日本での生産量も増えるかもしれない。また，学校の授業や給食に日本産の食材や日本食を積極的に取り入れることも，日本の食材や食生活に目を向けることにつながるだろう。
　このように，宣伝や教育を通して消費者が日本の食材や食生活の良さを見直すようになれば，消費量も増え，日本での生産量や生産者も増えていくのではないかと考える。

(448字)

〜〜〜　原因−具体例　＿＿＿　対策　□　結論

練習（3）の意見文の例

　日本では今後，消費税がさらに増税される可能性があるそうだ。しかし，消費税増税は，景気の悪化につながるかもしれない。

　_Aなぜなら，消費税が上がると，消費者は家計への負担を考え，生活必需品でも買う量を減らすようになるからだ。生活必需品の消費量が減ると，経済に大きな影響を与える。_Bまた，生活に必要のない買い物を控える人も出てくるだろう。なくてもいい物は買わないようにしたり，旅行の回数を減らしたりするかもしれない。その結果，経済はますます回らなくなる。

　_{A'}この問題を解決するためには，まず，生活必需品の消費税を考え直す必要がある。たとえば，生活必需品の消費税を下げ，人々が安心して買えるようにするとよいのではないだろうか。_{B'}また，消費税を下げる対象を広げ，買いやすい物を増やすのもよいだろう。増税の対象は，高額な時計やアクセサリーなどにすればいい。そのような物は，もともと家計に余裕がある人が買うので，増税しても消費量にはあまり影響を与えない。

　このように，人々が安心して買い物ができるようにすれば，消費税増税によって景気が悪化する可能性は低くなると思われる。 （471字）

〜〜〜 原因 – 具体例　　───── 対策　　☐ 結論

（1）長短タイプ
問題 1

意見文の例

　現在，オリンピックとパラリンピックは，日程をずらして開催されている。私は，日程をずらさず同時に開催したほうがいいと思う。

　なぜなら，どちらもスポーツを通してそれぞれの目的を目指す大会だという共通点があるからだ。共通点があるなら，同時に開催したほうがより注目を集めることができるのではないかと思う。また，同時に開催したほうが大会にかかる費用を少なくすることができる。現在は開会式と閉会式を2回ずつ行っているので高額な費用がかかっているが，一緒に開催すれば1回ずつの費用ですむ。

　たしかに，別々に開催したほうがいいと言う人もいるだろう。同時に開催すると選手や種目の数が増えてスタッフの仕事が複雑になり，負担が増えるかもしれない。しかし，開会式と閉会式を1回ずつにすれば，スタッフの人数や設備を充実させるための費用を少し増やすことができるのではないだろうか。

　したがって，オリンピックとパラリンピックは，日程をずらさず同時に開催したほうがいいと思う。（419字）

意見　　　理由 – 具体例
反対意見　　反対意見への反論　　結論

問題2

意見文の例

　母国を離れて違う国に移住する人々が，自分と同じ国の人が多く暮らす地域を選んで住むことがある。私はそのような暮らし方はいいと思う。

　なぜなら，近くに母語を理解してくれる人々が多ければ，困ったときにすぐに頼れるからだ。たとえば，移住した国の言語や生活習慣などがわからないとき，母語ですぐに教えてもらえる。病気や生活の悩みなどがあっても，同じ国の出身者として言葉や気持ちを理解してくれる人が多ければ相談しやすい。また，そのような地域には，母国の食材や商品を売る店，母語が通じる病院などもあり，日常生活に困らない。

　たしかに，自分と同じ国の人が多く住む地域に住まないほうがいいという意見もある。移住した国の言語を使ったりその国の人と交流したりする機会が少ないので，言語の習得や文化や習慣に慣れるのが遅くなる。しかし，それらは，その国の生活に慣れてからでもできる。まず，移住した国で安心して生活できるようになることのほうが重要だと思う。

　したがって，私は違う国に移住する人々が自分と同じ国の人が多く暮らす地域に住んだほうがいいと思う。（459字）

　　意見　　　　　理由‐具体例
　　反対意見　　　反対意見への反論　　　結論

34

（2）予測タイプ
問題 I

意見文の例

　男女の格差を示す国別ランキングで，日本の順位は先進国の中で最も低いそうだ。しかし，日本の男女の役割は少しずつ変化してきた。今後はこの格差が縮まっていくと思われる。

　なぜなら，日本では，大学へ進学する女性の数が年々増えているからだ。日本では女性の政治家や管理職が少なく，女性が活躍できる社会にならないということが問題になっている。大学への進学率が高まれば，政治家や管理職にも女性が増えるのではないだろうか。

　また，日本では，男女の役割が少しずつ変化していることも知った。朝，駅へ行く途中で，子どもを抱いた男性会社員を見かける。子どもを預けたり迎えに行ったりする役割を夫婦で分担しているのだろう。役割分担をすることで，女性は働きやすくなる。ある統計によると，男性が育休を取る割合は年々上昇しているそうだ。

　このように，日本の男女の役割は少しずつ変化している。変化が続けば，男女の格差も少しずつ縮まっていくと思われる。（403字）

意見 〜〜〜〜　理由 – 具体例　□□□　結論

問題2

意見文の例

現在，日本の社会では，バリアフリー化が進んでいる。今後，日本のバリアフリー化は進んでいくと思うが，少し時間がかかるだろう。

なぜなら，社会全体の理解がまだ十分ではないからだ。たとえば，公共の場所では，ユニバーサルトイレやスロープ，点字ブロックなどの設備は整ってきた。しかし，一方では，補助犬が入れない店や施設などがまだある。多様な障がいに対応したバリアフリーの社会になるには，まだ時間がかかると思う。

また，バリアフリー社会についての教育も，さらに進めていく必要があると思う。たとえば，先日，私は，ヘルプマークを知らない人がいるという記事を読んだ。ヘルプマークはさまざまな配慮が必要な人が利用している。外見からではわからない病気や障がいについて理解を深める教育も必要だ。理解が広まるには時間がかかるだろうが，このような教育は進めていくべきだと思う。

以上のことから，今後，日本のバリアフリー化は進むが，少し時間がかかると考える。

(411字)

意見 ⁓⁓⁓ 理由－具体例 ☐結論

36

（3）対策タイプ
問題 I

意見文の例

　野生動物が町まで下りてきて住宅街に出没したり農地を荒らしたりすることが，現在，問題となっている。

　_A原因の一つに，野生動物が住んでいる山や森などの環境が破壊されていることが考えられる。山や森に食べ物が少なくなり，人間の住む町まで下りてきて食べる物を探すようになったそうだ。_Bまた，人間が山にごみを捨てることも原因として考えられている。野生動物がそのごみをあさり，人間の食べ物の味を覚えてしまうことがあるそうだ。

　この問題を解決し野生動物と人間が共存していくには，動物の住む環境を整える必要がある。_{A'}そのためには，まず，野生動物の住む自然環境を守り，山や森で食べ物が十分にとれるようにすることが重要だ。_{B'}また，野生動物が人間の出すごみを食べないよう，私たちが気をつけなければならない。山や森へ行ったら必ずごみを持ち帰り，適切に処分する必要がある。

　このように，私たち人間が野生動物の生活環境を整えることが，野生動物と人間の共存につながると思う。（414字）

〜〜〜　原因－具体例　　＝＝＝　対策　　□　結論

問題2

意見文の例

日本では近年，誰にとっても生活しやすい社会を目指す動きが進んでいるが，いつでも一人で外出できると思っている障がい者は半数以下だそうだ。

その原因は，障がい者にとって本当に安心して外出できる環境が整っていないことだ。たとえば，車いすに乗って電車を利用するときは，事前に駅に連絡が必要で，どの電車に乗るかについても指定される。また，先日，駐輪禁止になっている場所に自転車が何台も止めてあり，目の不自由な人が通りにくそうにしていたのを見かけた。これでは，障がい者にとって外出がストレスになる。

この状況を改善するためには，まず，公共の場所やサポートが障がい者にとって本当に利用しやすいかどうかをシミュレーションする必要がある。たとえば，車いすでどうやって駅のホームまで行くのか体験し，問題がないか考えるといったことである。また，自分たちの行動が車いすの利用者や目の不自由な人などに迷惑をかけていないか，学校の授業や地域の交流会などで話し合うことも重要だ。

このように，障がいを持つ人の立場に立って考えることが，安心して外出できる環境を作ることにつながると思う。(474字)

＿＿＿ 原因‐具体例　＿＿＿ 対策　☐ 結論